Pä 374,8

Hans-Dieter Kempf / Birgit Pfänder
Kindergarten in Bewegung

Hans-Dieter Kempf / Birgit Pfänder

Kindergarten in Bewegung

BORGMANN
MEDIA

Unser Buchprogramm im Internet
www.verlag-modernes-lernen.de

© 2006 by SolArgent Media AG, Basel

Veröffentlicht in der Edition:
BORGMANN MEDIA · Hohe Straße 39 · D-44139 Dortmund

Gesamtherstellung: Löer Druck GmbH, Dortmund
Titelfoto: Dieter Baumann

Bestell-Nr. 9381   ISBN 3-938187-28-X
                         (ISBN 978-3-938187-28-9)

Urheberrecht beachten!
Alle Rechte der Wiedergabe dieses Fachbuches zur beruflichen Weiterbildung, auch auszugsweise und in jeder Form, liegen beim Verlag. Mit der Zahlung des Kaufpreises verpflichtet sich der Eigentümer des Werkes, unter Ausschluss der § 52a und § 53 UrhG., keine Vervielfältigungen, Fotokopien, Übersetzungen, Mikroverfilmungen und keine elektronische, optische Speicherung und Verarbeitung (z.B. Intranet), auch für den privaten Gebrauch oder Zwecke der Unterrichtsgestaltung, ohne schriftliche Genehmigung durch den Verlag anzufertigen. Er hat auch dafür Sorge zu tragen, dass dies nicht durch Dritte geschieht. Der gewerbliche Handel mit gebrauchten Büchern ist verboten.

Zuwiderhandlungen werden strafrechtlich verfolgt und berechtigen den Verlag zu Schadenersatzforderungen.

Inhalt

Vorwort 9

1. Bewegung macht beweglich 11
    1.1   Der eigene Körper als Zugang zur Welt   11
    1.2   Kinderwelt ist Bewegungswelt   11
    1.3   Ziele der Bewegungsförderung   12
    1.4   Kinder stark machen – Ressourcen und Kompetenzen fördern   15
    1.5   Das Kind als Akteur seiner Entwicklung   16
    1.6   Kindergarten ist Ort der Begegnung und des Spiels   16
    1.7   Idee: Kindergarten in Bewegung   17
    1.8   Die Kunst Kinder zu bewegen   18

2. Bewegung durch Erschließung kindgerechter Bewegungsräume 19
    2.1   „Chaos oder Freiheit" – Bewegung durch ein offenes Konzept   19
    2.2   Lebendigkeit im Haus – Kreatives Umgestalten der vorhandenen Innenräume   20
    2.3   Aktions- und Funktionsräume   20
    2.4   Kreative und vielseitige Garten- und Hofgestaltung   30
        2.4.1   Beispiel: Neue Hofgestaltung St. Michael Karlsruhe (Stadtkindergarten)   32
        2.4.2   Beispiel: Gartenlandschaft des Oberlin Kindergarten in Binzen (Landkindergarten)   36
    2.5   Spiel- und Bewegungsräume außerhalb des Kindergartens – Wald-/Naturtage   38
    2.6   Das Raumkonzept eines ‚neuerbauten' Bewegungskindergartens   40

3. Bewegt durch den Kindergartentag – Bewegungs- und Sportangebote 43
    3.1   Morgenkreis, Kinderplenum und Spielrunde   44
    3.2   Freispiel und Freispielergänzung   44
    3.3   Die Kinderrückenschule als spezielles Bewegungsangebot   45
    3.4   Die Bewegungsbaustelle als allgemeines Bewegungsangebot   48
    3.5   Sportarten kennen lernen durch Kooperationen   51
    3.6   Bewegungsförderung durch Aktionen   53

	3.6.1	Sportfeste	53
	3.6.2	Sport und Spiele	54
	3.6.3	Fußballprojekt	54
	3.6.4	Zirkusprojekt / Musical	55
	3.6.5	Minimarathon / Lauftraining	55
	3.6.6	Fitkids – Fitnessstudio für Kinder	55

4. Bewegung durch Elternveranstaltungen und Elterninformation 57
- 4.1 Bewegte Elternabende 57
- 4.2 Elterngespräche 57
- 4.3 Elternbriefe und Elternzeitschrift 58
- 4.4 Eltern-Mitmach-Aktionen 58
  - 4.4.1 Schatzsuche und Spielfest 58
  - 4.4.2 Papa-Kind-Zelten 58
  - 4.4.3 Familienskifreizeit 58

5. Bewegung in Lern-, Förder- und Entwicklungsbereichen 60
- 5.1 Bewegung und Körper – Körper- und Sinneswahrnehmung 60
  - 5.1.1 Spielformen zur Körperwahrnehmung und Erfahrung des Körperraumes 61
  - 5.1.2 Spielformen zur Förderung der vestibulären Wahrnehmung (Gleichgewicht) 64
  - 5.1.3 Spielformen zur Förderung der kinästhetischen Wahrnehmung (Bewegungsempfinden) 66
  - 5.1.4 Spielformen zur Förderung der taktilen Wahrnehmung (Tasten/Fühlen) 67
  - 5.1.5 Spielformen zur Förderung der auditiven Wahrnehmung (Hören) 69
  - 5.1.6 Spielformen zur Förderung der visuellen Wahrnehmung (Sehen) 70
  - 5.1.7 Spielformen zur Förderung der gustatorischen Wahrnehmung (Schmecken) 71
  - 5.1.8 Spielformen zur Förderung der olfaktorischen Wahrnehmung (Riechen) 71
- 5.2 Bewegungen mit Füßen und Händen 72
  - 5.2.1 Füße – Übungen und Spielformen gegen Haltungs- und Fußschwächen 72
  - 5.2.2 Hände – Übungen und Spielformen zur Handgeschicklichkeit und Handmotorik 78

	5.2.3	Fingerspiele und Sprechreime	80
5.3		Bewegung und Ausdauer	81
	5.3.1	Laufspiele und Laufformen – alleine	81
	5.3.2	Laufspiele und Laufformen mit Partner / in der Gruppe	84
	5.3.3	Fang- und Reaktionsspiele	86
5.4		Bewegung und Gymnastik	88
	5.4.1	Gymnastik mit Tierbildern zur Kräftigung und Mobilisation	88
	5.4.2	Gymnastik mit einer Bewegungsgeschichte – Picknick im Grünen	92
	5.4.3	Gymnastik mit dem Fitnessball	92
5.5		Bewegung und Handgeräte	94
	5.5.1	Spiel- und Bewegungsformen mit dem Handtuch	94
	5.5.2	Spiel- und Bewegungsformen mit dem Bierdeckel	99
	5.5.3	Spiel- und Bewegungsformen mit der Schaumstoffrolle	103
	5.5.4	Spiel- und Bewegungsformen mit dem Luftballon	105
	5.5.5	Spiel- und Bewegungsformen mit der Zeitung	109
	5.5.6	Spiel- und Bewegungsformen mit Seilen	112
	5.5.7	Spiel- und Bewegungsformen mit dem Reifen	115
	5.5.8	Spiel- und Bewegungsformen mit Stäben	117
	5.5.9	Spiel- und Bewegungsformen mit Bänken	118
	5.5.10	Spiel- und Bewegungsformen mit dem Fitnessball	119
	5.5.11	Spiel- und Bewegungsformen mit dem Fallschirm	120
5.6		Kreativität und Bewegungsgeschichten	121
	5.6.1	Fantasie- und Rollenspiele	122
	5.6.2	Bewegungsgeschichten	123
5.7		Bewegung und Gefühle	128
5.8		Bewegung und Musik, Rhythmus und Tanz	130
	5.8.1	Spiel-, Tanz- und Rhythmusübungen	131
	5.8.2	Musik und Bewegung im Raum	132
5.9		Bewegung und Kunst – bildnerisches Gestalten, Spiel und Aktion	134
	5.9.1	Bildnerisches Gestalten	134
	5.9.2	Kunstaktionen	136
5.10		Bewegung und Rechenspiele – Zahlen lernen	138
	5.10.1	Spiel- und Übungsformen zum Zahlen lernen	139
	5.10.2	Zahlen lernen von 1-6 mit Würfel – Laufspiele mit großem Schaumstoffwürfel	141

	5.10.3 Zahlen lernen 1-6 mit Zahlenkarten	
	– Laufspiele	142
5.11	Bewegung und Sprachspiele	142
	5.11.1 Übungen zur Rhythmisierungsfähigkeit	143
	5.11.2 Reimspiele	145
	5.11.3 Bewegen mit Buchstaben	147
5.12	Bewegung und Raumorientierung – drinnen und draußen	147
5.13	Bewegung und Natur – Wald, Naturmaterialien	149
	5.13.1 Spiel- und Übungsformen zum Thema „Wald"	150
	5.13.2 Erlebnisspiele im Wald	151
	5.13.3 Eine Bewegungsgeschichte zum Thema „Wald"	152
	5.13.4 Bewegung mit Naturmaterialien – Beispiel: Federn	153
	5.13.5 Bewegungsspiele mit Federn	153
5.14	Bewegung und Ernährung	155
	5.14.1 Spielaktionen zum Thema „Ernährung" in Bewegung umgesetzt	156
	5.14.2 Eine Bewegungsgeschichte zum Thema „Ernährung"	157
5.15	Bewegung und Entspannung	158
	5.15.1 Erlebnisse der Stille	159
	5.15.2 Entspannungsförderung durch Köperanspannung und -entspannung	159
	5.15.3 Entspannung zum Ausklang	160
	5.15.4 Entspannungsgeschichten	161

6. Wettbewerb „Bewegungsfreundlicher Kindergarten 2005" in Baden-Württemberg — 165
   6.1 Preisträgerkindergärten – Platzierungen — 165
   6.2 Wettbewerbsteilnehmer – Gesamtübersicht — 166

7. Literaturhinweise und Internetadressen — 169

8. Abbildungsnachweis — 172

9. Über die Autoren — 175

Vorwort

Bewegung gilt als ein zentraler Baustein in der gesunden Entwicklung eines jeden Kindes. Denn Kinder sind von Geburt an neugierige, selbsttätige Menschen mit ausgeprägtem Bewegungs- und Entdeckungsdrang. Finden sie optimale Entfaltungsmöglichkeiten und Umgebungsbedingungen zum Spielen, Toben, Klettern, Balancieren, Fühlen und Experimentieren, entwickeln sie dabei Selbstvertrauen, Selbstständigkeit und Unabhängigkeit. Doch leider haben sich in den vergangenen Jahrzehnten nicht nur die Bewegungsmöglichkeiten verändert, auch die psychomotorischen Fähigkeiten der Kinder haben sich verschlechtert. Daher ist es für Kinder nicht mehr so einfach möglich, spontan ihren natürlichen Bewegungsdrang auszuleben. Umso wichtiger ist es, Kinder immer wieder aufzufordern und ihnen ausreichend Gelegenheiten zu geben, sich zu bewegen: in der Turnhalle, im Bewegungsraum des Kindergartens, im Hof, im Wald, auf Wiesen und Spielplätzen ...
In unserer eher bewegungsarmen Gesellschaft kommt deshalb dem Kindergarten als familienergänzende Einrichtung und moderne Lernwerkstatt viel mehr als früher die Aufgabe zu, den Kindern ein breites Spektrum an Bewegungs-, Körper- und Sinneserfahrungen zu bieten. Im Kindergarten kann das Bewegungsverhalten der Kinder bereits in sehr frühem Alter positiv beeinflusst und die Möglichkeiten der Familie in nachhaltiger Weise ergänzt, ausgeglichen und erweitert werden. Besonders sozial benachteiligte Kinder können im ‚Setting Kindergarten' hiervon in besonderer Weise profitieren.
Die Frage ist nun, wie man Kindern im Sinne einer ganzheitlichen Förderung letztlich ausreichende Bewegungsanlässe ermöglicht oder zu mehr Bewegung motiviert. Hier zeigen viele Kindergärten schon hervorragende Ansätze, sei es durch strukturelle Maßnahmen, durch spezielle Bewegungsangebote und/oder durch ihre pädagogische Arbeit.
Die Idee zu diesem Buch entstand anlässlich des landesweit ausgeschriebenen Wettbewerbes „Bewegungsfreundlicher Kindergarten", bei dem die innovativsten Bewegungskonzepte mit insgesamt 60.000 € an Preisgeldern im Jahr 2005 vom Landessportverband Baden-Württemberg ausgezeichnet wurden. Die Preisträgerkindergärten finden sich am Ende des Buches. Ihnen ist im Besonderen für ihre wertvolle und wichtige Arbeit mit den Kindern zu danken, die sich in den Bewerbungsunterlagen zum Wettbewerb widergespiegelt hat. Auszüge daraus haben wir in dieses Praxishandbuch einfließen lassen.
Das Buch will Bildungseinrichtungen, Erzieherinnen und Erziehern[*], Bewegungsfachleuten und Eltern gleichermaßen Ideen liefern, wie Bewegung im

---

[*] *Im weiteren Textverlauf wird unter den Fachbegriffen Erzieher/Erziehende sowohl die weibliche als auch die männliche Personenform verstanden.*

Vorwort

Kindergarten sinnvoll erprobt und umgesetzt werden kann. Wir wünschen uns, dass allmählich in vielen Kindergärten Lernwerkstätten für einen Kindergartenalltag in Bewegung entstehen. Dabei sollen die zahlreichen vorgestellten Ideen viel Raum für kreative Praxisanregungen zulassen.
Ein Dankeschön gilt allen aktiven Mitarbeiterinnen und Mitarbeitern dieses Buches, im Einzelnen den Erzieherinnen Petra Welte, Aurica Benz und Susanne Hintermayer vom Kindergarten St. Michael für ihre wertvolle pädagogische Unterstützung. Für ihre praktischen Tipps und pädagogischen Anregungen danken wir auch der Grundschullehrerin und Montessoripädagogin Christine Hintermayer, der Übungsleiterin Emilia Suhm, der Förderschullehrerin Andrea Pfänder und der Grundschullehrerin Gabi Römmele. Für die Bereitstellung der Bilder möchten wir besonders dem Rowohlt Verlag und Herrn Lichte sowie den Kindergärten Erwin-Römmele in Heilbronn, Oberlin in Binzen, St. Michael in Karlsruhe und dem Kinderhaus Heinestrasse in Reutlingen danken. Ein Dank gilt auch allen Kindern, die bei den Fotoaufnahmen mitgewirkt haben, zumal „ohne sie die Welt eine Wüste wäre" (Jeremias Gotthelf). Kinder sind das „Teuerste, was eine Nation hat ...", sagt Bertolt Brecht.

Karlsruhe und Stuttgart, April 2006
Hans-Dieter Kempf und Birgt Pfänder

1. Bewegung macht beweglich

Bewegung macht beweglich und Beweglichkeit kann manches in Bewegung setzen (Paul Haschek).

1.1 Der eigene Körper als Zugang zur Welt

Wahrnehmung ist die Grundlage der Erkenntnis (Aristoteles).

Der Körper ist der zentrale Zugang des Menschen zur Welt. Als Zentrum von Fühlen, Handeln und Denken steht das Körpererleben und Körperempfinden im Mittelpunkt aller Lernprozesse. Die Möglichkeiten der Kinder, sich ihre Umwelt selbstständig zu erschließen, sind aufgrund des „Verlusts der Straßenkindheit" eingeschränkter als noch vor 20 Jahren. Diese Tendenz lässt sich unter anderem auf den Einfluss von Medien, Technisierung, Materialisierung und Konsum zurückführen. In unserem Medien- und Technikzeitalter sind Kinder oftmals von Reizen überflutet. Zudem erweisen sich die marktüblichen Spielzeugangebote als wenig geeignet, die Fantasie und Kreativität der Kinder anzusprechen. Kinder benötigen aber eigene Erfahrungen, eigenes Er-Leben und Be-Greifen. Dies wird erreicht, indem ihnen viel Raum und Gelegenheiten für ganzheitliche Körper- und Bewegungserfahrungen gegeben werden. Zu den grundlegenden Betätigungs- und Ausdrucksformen von Kindern zählt neben dem Spielen das Sich-Bewegen (Oberlin Kindergarten Binzen 2005).

1.2 Kinderwelt ist Bewegungswelt

Laufen, Hüpfen, Herumtollen – Momente eines Kinderalltags, die Bewegungs- und Lebenslust spiegeln. Von Mühe und Last noch keine Spur. Das Einfache ist aufregend und beglückend (Horst Ehni).

Kinder haben einen natürlichen Drang sich zu bewegen, gleichsam als Motor ihrer Entwicklung. Für Kinder ist Bewegung immer auch Spaß und Spiel. Sie fordern sich und fördern sich dadurch selbst, sie suchen die Herausforderung, sie bringen sich an ihre eigenen Entwicklungsgrenzen und überschreiten diese, um sich weiter zu entwickeln. In der frühen Kindheit ist Bewegung nicht nur für die motorische, sondern auch für die kognitive, emotionale und soziale Entwicklung von herausragender Bedeutung. Denn Kinder erschließen und entdecken die Welt und sich selbst zuallererst über die Bewegung. Veränderte Lebensumstände haben Auswirkungen auf die motorischen Fähigkeiten der Kinder. Zahlreiche wissenschaftliche Studien belegen, dass die heutige Kindergeneration weniger Bewegungs- und Körpererfahrungen machen als noch vor 10-20 Jahren. Darüber hinaus werden Bewegungsmangel, Übergewicht, Haltungsschwächen und Rückenschmerzen bereits schon im frühen Kindesalter festgestellt. Gerade Bewegungsmangel kann im weitesten Sinn wieder Ursache sein für soziale Ausgrenzung, verzögerte Sprachentwicklung, Schwierigkeiten beim Lesen, Schreiben und Rechnen, Schwierigkeiten in der emotionalen Entwicklung (Hemmungen, Unsicherheiten und Ängste) und Fehlreaktionen (Aggressivität, Hyperaktivität, Clownerei) (vgl. WIAD 2003, Tittel 2002, Bös et al. 2002, Wabitsch 2001, Schmidt et al. 2003).

1.3 Ziele der Bewegungsförderung

Bewegung ist das Tor zum Lernen. Lernen mit Gehirn, Herz und dem Körper (Paul E. Dennison).

Die Bewegungsförderung zielt auf
- die Unterstützung des natürlichen Bewegungsdrangs,
- die Vermittlung vielfältiger motorischer, psychischer und kognitiver Anreize und der Freude an der Bewegung,
- die Schulung der Motorik (Körperbewusstsein, Sinneserfahrung, Körperhaltung, Kennen lernen und Erfahren vielfältiger Bewegungsformen, Verbesserung motorischer Fähigkeiten und Fertigkeiten),
- die Entwicklung des Sozialverhaltens (Rücksichtnahme, Partnerschaft, Integration, Regelverhalten, Mannschaftsgefühl, Verantwortung übernehmen) und des Selbstwertgefühls (Erfolgserlebnisse, individuelle Förderung),
- das Erleben des Körpers als Ausdrucksmittel (Körpersprache, Gefühle ausdrücken, Aggressionen, Spannungen abbauen, Körpervertrauen) und
- die Unterstützung der kognitiven Entwicklung (Wahrnehmung materialspezifischer Eigenschaften, Anweisungen befolgen, kreatives Denken entwickeln, eigenständig Problemlösungen entwickeln, Erfahrung mit physikalischen Gesetzmäßigkeiten) (Kindergarten Lummerland Schwäbisch Hall 2005).

Die Kinder:

- erwerben Wissen über ihren Körper und entwickeln ein Gespür für ihre Fähigkeiten,
- entwickeln ein erstes Verständnis für die Gesunderhaltung ihres Körpers,
- entfalten ein positives Körper- und Selbstkonzept als Grundlage für die gesamte körperliche, soziale, psychische und kognitive Entwicklung,
- bauen ihre konditionellen und koordinativen Fertigkeiten und Fähigkeiten aus,
- erweitern und verfeinern ihre grobmotorischen Fertigkeiten und Fähigkeiten,
- differenzieren ihre fein- und graphomotorischen Fertigkeiten und Fähigkeiten aus und erweitern sie,
- erfahren ihren Körper als Darstellungs- und Ausdrucksmittel für Kunst, Musik und Tanz, Darstellendes Spiel und Theater.

Abb.1: *Ziele für das Bildungs- und Entwicklungsfeld Körper (MKJS 2006)*

Kinder haben eine ganz individuelle Entwicklung, in der sich die einzelnen Bereiche selten parallel entwickeln.
Übersichten über Entwicklungsverläufe, wie beispielsweise die „Motorische Entwicklungsübersicht" geben Anhaltspunkte, welche elementaren Bewegungsformen entwicklungsgemäß als „normal" gelten, wobei einzelne Kinder erheblich davon abweichen können. Solche Übersichten oder auch Testverfahren geben Orientierungshilfen für eine gezielte Förderung und im Einzelfall Hinweise auf die Notwendigkeit einer differenzierten Beobachtung.

Bewegung macht beweglich

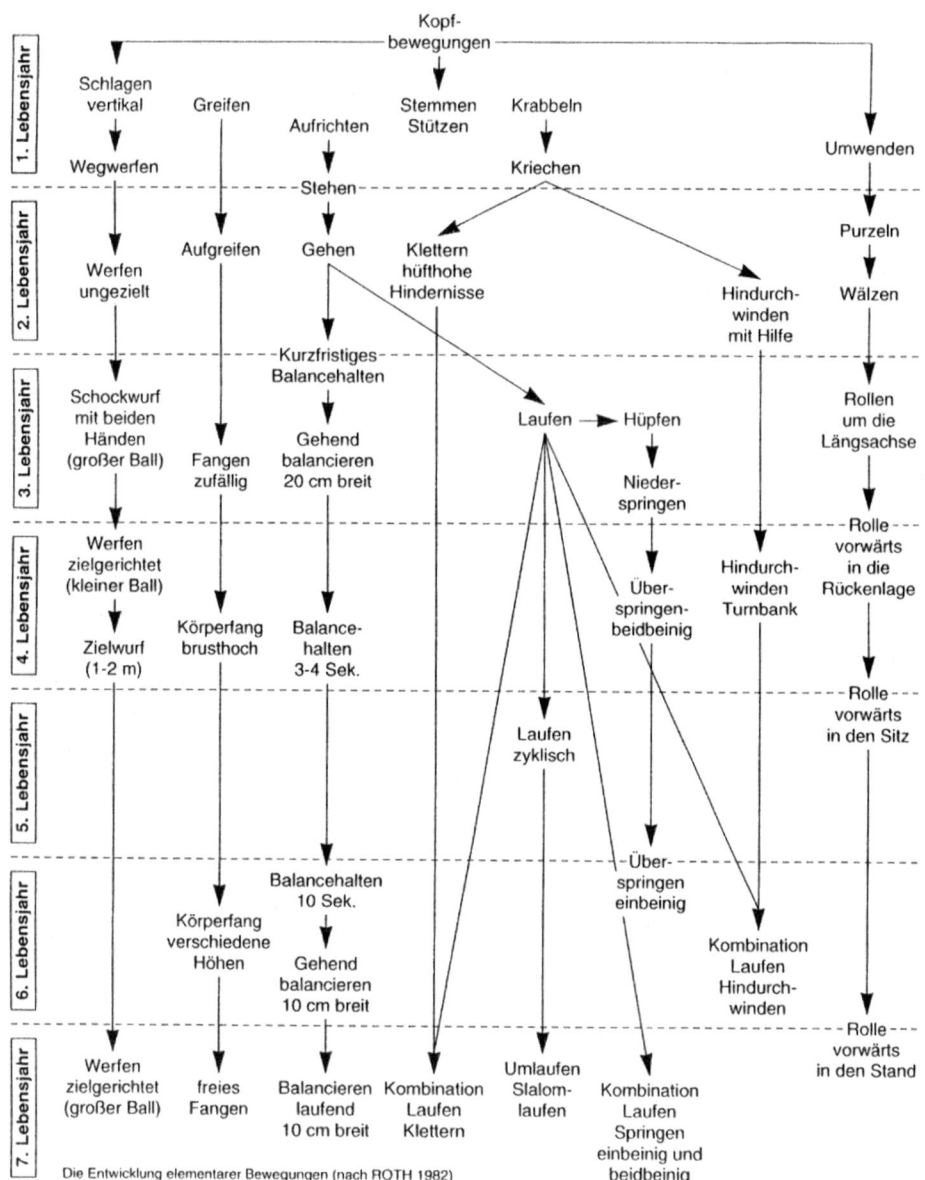

Abb. 2: *Die Entwicklung elementarer Bewegungen bis zum 7. Lebensjahr (nach Roth 1982)*

1.4 Kinder stark machen – Ressourcen und Kompetenzen fördern

In der Bewegung liegt die Kraft (Die Fantastischen Vier).

Malen, Schneiden, Kleben, Tonen, Formen, Sägen, Nageln, Kneten, Filzen, Weben, Knoten, Reiben, Singen, Klatschen, Schnippen, Pfeifen, Summen, Musizieren, Tasten, Greifen, Festhalten, Loslassen, Tanzen, Turnen, Balancieren, Hüpfen, Rennen, Tippeln, Laufen, Schlurfen, Schleichen, Traben, Gehen, Springen, Landen, Hopserlauf, Ausweichen, Schaukeln, Schwingen, Rollen, Drehen, Hangeln, Kriechen, Wälzen, Robben, Sitzen, Hocken, Knien, Stehen, Zappeln, Sandeln, Stützen, Tischdecken und Tischabräumen, Spülen, Abtrocknen, Fegen, Wischen, Kreisen, Hängen, Klettern, Hochziehen, Herunterlassen, Fallen, Schieben, Ziehen, Fahren, Bücken, Heben, Tragen, Stapeln, Rutschen, Rangeln, Raufen, Kämpfen, Schaufeln, Matschen, Pflanzen, Gießen, Ernten, Rutschen, Schlittenfahren ...

Durch vielfältige Bewegungsimpulse lernt das Kind seine Bewegungen zu beherrschen und zu kontrollieren, gleichzeitig erwirbt es dadurch auch zunehmend mehr an Wissen über sich selbst. Das Sammeln solcher Erfahrungen und Erkenntnisse ist insbesondere für Kinder im Klein(st)kind- und Vorschulalter von entscheidender Bedeutung. Je mehr ein Kind Anregungen und Gelegenheiten zur Bewegung hat, desto besser können sich einerseits motorische Fähigkeiten wie Kraft, Ausdauer, Schnelligkeit, Beweglichkeit und Koordination, andererseits motorische Fertigkeiten wie Laufen, Hüpfen, Springen, Klettern, Rollen, Schaukeln, Fangen, Balancieren und Schwimmen entwickeln.

Durch das Ausprobieren vielfältiger Bewegungsmöglichkeiten werden Selbstbewusstsein und Selbstwertgefühl gesteigert und die Sicherheit im Umgang mit dem eigenen Körper nimmt zu. Zudem lernen Kinder in der Bewegung, besonders im gemeinsamen Spiel, auf vielfältige Weise Formen sozialen Handelns kennen und ihre eigenen sozialen Kompetenzen auszubauen. Dadurch werden Ressourcen und Schutzfaktoren gefördert, die Kindern helfen, ihre Umwelt positiv zu bewältigen wie beispielsweise die Überzeugung in die Sinnhaftigkeit des eigenen Lebens, eine optimistische Grundeinstellung, die Bereitschaft, eigene Ziele zu verfolgen, eine grundsätzliche Offenheit für Neues, die Bereitschaft sich zu engagieren oder die Fähigkeit, Konflikte auszuhalten (Brodtmann 1999).

1.5 Das Kind als Akteur seiner Entwicklung

Ein Kind hat hundert Möglichkeiten: Ein Kind hat hundert Sprachen, hundert Hände, hundert Gedanken. Es besitzt hundert Weisen zu denken, hundert Weisen zu spielen, hundert Weisen zu sprechen. Ein Kind hat hundert Sprachen, aber neunundneunzig werden ihm geraubt (Loris Malaguzzi).

Das Kind ist Akteur seiner Entwicklung. Es müssen nicht nur sichtbare Freiräume geschaffen, sondern vor allem müssen die Kinder losgelassen werden, um ihre Entwicklung positiv zu unterstützen. Die Kinder sollen zu selbstbewussten Persönlichkeiten heranwachsen, die in der Lage sind, Beziehungen zu sich selbst, zur Umwelt und zu anderen Menschen zu knüpfen und aufrecht zu erhalten. Sie sollen späteren Anforderungen gewachsen sein, sich entscheiden lernen und kooperativ mit Menschen arbeiten und leben können. Solche Fähigkeiten kennzeichnen einen lebensfrohen und lebensbejahenden Menschen. So wird davon ausgegangen, dass das Kind früh lernen soll, seine Lebensform und seinen Spielalltag mitzubestimmen. Aufgabe der Erziehenden ist es, die Kinder zu unterstützen und sie in ihrer Entwicklung zu begleiten (Kindergarten St. Michael Karlsruhe 2005).

1.6 Kindergarten ist Ort der Begegnung und des Spiels

Erkläre mir und ich vergesse, zeige mir und ich erinnere, lass es mich tun und ich verstehe (Konfuzius).

Hier können sich die Kinder die Welt erschließen, indem sie Er-Leben und Be-Greifen, Leben und Lernen mit allen Sinnen. Kinder brauchen für ihre Entwicklung elementare ganzheitliche Erfahrungen. Die pädagogische Arbeit ist vorwiegend handlungs- und erlebnisbezogen. Im Vorschulalter heißt Lernen Spielen. Über das Spiel durchdringt das Kind seine Welt. Wir gehen stets vom Spiel des Kindes aus und geben Zeit und Raum für Eigenaktivität und kindgemäße Formen des Lernens: Er-Leben und Be-Greifen bei Spiel und Bewegung, Alltagsgestaltung, Angeboten, Projekten und Kinder-Treffs. Stets in Bewegung mit allen Sinnen, kreativem Tun und nach allen Seiten hin offen gestalten Kinder und Erziehende gemeinsam das Leben im Kindergarten. Dies eröffnet immer wieder neue Blickwinkel und Perspektiven. Da staunen nicht nur Kinder (Oberlin Kindergarten Binzen 2005).

1.7 Idee: Kindergarten in Bewegung

Nicht jeder Kindergarten muss ein Bewegungskindergarten sein, aber in jedem Kindergarten muss Bewegung sein (Renate Zimmer).

Kindergarten in Bewegung heißt, den Kindern ein breites Spektrum an verschiedenen Erfahrungsfeldern zu ermöglichen, die in einem bewegten Kindergartenalltag aktiv gelebt und vom gesamten Kindergartenteam getragen werden. Ein Kindergarten ist in Bewegung, wenn
- seiner pädagogischen Konzeption Prinzipien wie Geborgenheit, Ganzheitliche Entwicklung, Streben nach Autonomie, Selbstverwirklichung, Entwicklung und Sinnorientierung zu Grunde liegen (§2 KiTaG, §22 Abs. 1–3 SGB VIII, Zimmer 1993),
- er sich an den Motivationen des Kindes, wie Anerkennung und Wohlbefinden erfahren, die Welt entdecken und verstehen, sich ausdrücken und mit anderen leben, orientiert (MKJS 2006),
- er eine kindgerechte Vielfalt von Bewegungsmöglichkeiten bietet,
- körperlicher Aktivität und Spiel in Erziehung und Bildung eine hohe Bedeutung zukommen und diese Bewegung im Kindergarten aktiv gelebt wird (Vorbilder),
- Bewegung nicht nur als Sport verstanden wird, sondern auch geistige und soziale Beweglichkeit mit einschließt („mens sana in corpore sano"),
- die kindliche Entwicklung als Prozess verstanden wird, d.h. wenn auch die Erzieher sowie die Eltern zur Entwicklung und Veränderung bereit sind.

Motorische Entwicklung	Kognitive Entwicklung	Soziale Entwicklung	Emotionale Entwicklung
Koordination, Ausdauer, Kraft, Beweglichkeit und Schnelligkeit, Körper- und Selbstkonzept	Unterscheidungsvermögen, Urteilsfähigkeit, Begriffsbildung, Erinnerungsvermögen, Materialkompetenz, Wahrnehmungsfähigkeit, Zusammenhänge erkennen, Wissenserweiterung, angemessener Sprachgebrauch	Sensibilität, Selbstständigkeit, Einfühlungsvermögen, Regelverständnis, Kontakt- und Kooperationsfähigkeit, Toleranz und Rücksichtnahme, Konfliktfähigkeit, Hilfsbereitschaft, Verantwortungsbewußtsein	Erlebnis- und Ausdrucksfähigkeit, Selbstvertrauen, Selbstwertgefühl, Selbstbewusstsein, Enttäuschungen ertragen können, Ausdauer

Abb. 3: Entwicklungsbereiche (LSB NRW 1999 in Lehmann 2003)

Bewegung macht beweglich

Bewegungsförderung im Kindergarten darf nicht nur auf bestimmte vorgegebene Zeiten beschränkt bleiben, sondern sollte durchgängig im ganzen Tagesablauf berücksichtigt werden und offen sein für alle Bewegungsmöglichkeiten, die im Lebensraum der Kinder erschlossen werden können. Durch lernoffene Situationen erhalten Kinder Freiräume, in denen sie sich in spontaner und freier Weise mit sich selbst, mit anderen oder mit verschiedenen Objekten (Materialien, Geräten) auseinandersetzen und so die Befähigung zu eigener Bewegungsgestaltung, Improvisation und Kreativität entwickeln können. Durch ein gezieltes vielseitiges Angebot sollen Kinder zunehmend die Möglichkeit erhalten, sich einen Bestand an grundlegenden Bewegungsformen aufzubauen. In einer so verstandenen Bewegungsförderung können Kinder ihre Persönlichkeit entwickeln, Gesundheitsbewusstsein erlangen, vielfältige Erfahrungen sammeln, kreativ und lustvoll spielen, um so eine Grundlage für spätere sportliche Aktivitäten zu schaffen.

1.8 Die Kunst Kinder zu bewegen

Wem es gelingt, Menschen mit Körperübungen leuchtende Augen zu schenken, der tut Großes auf dem Gebiet der Erziehung (Pestalozzi).

Wie kann Bewegung im Kindergarten gefördert werden? Derzeit gibt es im Kindergarten zunehmend spezielle Bewegungsangebote und Aktionen, welche die Erzieher oder externe Bewegungsfachleute mit den Kindern durchführen, z.B. Sportstunde, Kinderrückenschule oder Bewegungsbaustelle. Natürlicherweise sollte sich die Bewegung im Kindergartenalltag gleichsam von selbst ergeben. Voraussetzung dafür sind entsprechende Spiel- und Bewegungsräume, die sich durch strukturelle Maßnahmen, wie z.B. ein offenes Konzept, die Erschließung kindgerechter Bewegungsräume, die Verbindung von Bewegung mit anderen Inhalten oder Familienangeboten auszeichnen. Alle diese Maßnahmen sind Gegenstand der folgenden Kapitel. Aber damit ist noch lange nicht gewährleistet, dass sich alle Kinder auch automatisch bewegen oder vorhandenes Spiel-, Sinnes-, Bewegungs- und Lernmaterial tatsächlich nutzen. Es liegt wesentlich an der pädagogischen Arbeit der Erzieher und der Eltern, damit ein Kindergarten dauerhaft zum Kindergarten in Bewegung wird.

2. Bewegung durch Erschließung kindgerechter Bewegungsräume

Raum ist der Spielraum, den der Mensch braucht, um sich frei zu bewegen (Otto Friedrich Bollnow).

2.1 „Chaos oder Freiheit" – Bewegung durch ein offenes Konzept

Komm, geh aus Dir heraus, wage etwas, hier ist Spielraum, er gehört Dir, fülle ihn aus (Städt. Kindergarten Steinhäuserstraße Reutlingen 2005).

Der Kindergarten sollte den Kindern ermöglichen, mit ihren Spiel- und Bewegungsräumen drinnen und draußen auf Entdeckung zu gehen. Durch die Fantasie, Spiellust und den Bewegungsdrang der Kinder können immer wieder neue Abenteuerwelten entstehen. Nach dem offenen Konzept werden die Kinder nicht in feste Gruppen eingeteilt, sondern können sich den größten Teil der Zeit frei im Innen- und Außenbereich bewegen, gruppenübergreifend spielen oder Angebote wahrnehmen. Die Türen aller Aktionsräume sind stets offen, jedem Kind steht somit die gesamte Kindergartenwohnfläche zur Verfügung. Lediglich zu gezielten Aktivitäten gehen die Kinder in die einzelnen Gruppen. Nach diesem Konzept sollten die Räume daher als Aktions- und Funktionsräume gestaltet sein, beispielsweise ein Raum zum Klettern und Toben, ein Raum zum kreativen Malen und Basteln oder eine Bauecke.
Kinder benötigen zum Bewegen und Spielen vor allem Platz. Die erste Maßnahme ist somit die Befreiung der Gruppenräume von überflüssigem Mobiliar und Material. Auf dieser Fläche können dann mehrere Funktionsbereiche geschaffen werden. Deren Ausstattung ergibt sich aus den einzelnen Interessen, den Wünschen und den Bedürfnissen der Kinder. Weil sich die Dynamik in der Kindergruppe mit jedem neuen Kind weiterentwickelt und dadurch immer wieder neue Situationen und Themen entstehen, ist die Gestaltung der Räume ebenfalls permanenten Veränderungen unterworfen. So entstehen nach Bedarf Krankenhäuser, Sinneszimmer oder Dschungellandschaften. Durch die Öffnung des Kindergartens und der Gruppen wird ein wesentlicher Schritt hin zum Bewegungskindergarten vollzogen.
Ein offener Kindergarten bedeutet nicht nur die Öffnung der Türen und eine gruppenübergreifende Arbeit, sondern er erfordert von jeder einzelnen Erziehungsperson im Kindergartenteam eine Aufgeschlossenheit sich selbst und anderen gegenüber sowie die Bereitschaft und Fähigkeit zur Reflexion, Kritik und Selbstkritik. Dieses individuelle, gemeinsame Sich-Öffnen ist ein Entwicklungsprozess, der in jedem Kindergarten aufgrund unterschiedlicher

Voraussetzungen immer anders abläuft und von allen Beteiligten zumeist viel Energie fordert. Doch das Engagement lohnt sich. Durch einen offenen Kindergarten werden die Kinder selbstständiger, entscheiden selber und übernehmen Verantwortung (Selbstbestimmtheit). Sie organisieren sich und sprechen sich mit anderen Kindern ab. Sie gehen Konflikte an und finden Lösungen, können sich aber auch aus dem Wege gehen, da der nötige Platz vorhanden ist. Die Kinder haben mehr Spielpartner und können „ihre Räume" bedürfnisorientiert nutzen.

2.2 Lebendigkeit im Haus – Kreatives Umgestalten der vorhandenen Innenräume

Die Aufgabe der Umgebung ist nicht das Kind zu formen, sondern ihm zu erlauben, sich zu offenbaren (Maria Montessori).

Eine offene Raumgestaltung mit viel Spielfläche auf dem Boden, einzelnen Podesten, wenig Tischen und Stühlen bietet Bewegungsfreiheit. Sie bietet Lebensraum – Bewegungsraum – Handlungsspielraum. Hier können die Kinder im Spiel ihre Lust an der Bewegung ausleben, selbst Handeln, Kreativität entfalten und mit anderen Kindern und Erwachsenen kommunizieren. Bei der Planung der Innenräume sind die elementaren Bedürfnisse der Kinder nach Geborgenheit, Spielen in kleinen Gruppen, Zeichnen, Malen und Gestalten mit Materialien, Bauen, Konstruieren und Experimentieren, Lesen, Zuhören von Vorgelesenem, Betrachten, Rollen-, Theater- und Puppenspiele, Musik und Klangspiele, Bewegung, Entspannung, Ruhe und Rückzug, Essen und Trinken zu berücksichtigen (Schönrade 2005). Um den Kindern größtmöglichen Raum für eigene Spielideen zu geben, sollten alle Räume bewusst sparsam möbliert werden. Bei der Ausstattung der einzelnen Aktions- und Funktionsräume können vielseitig verwendbare und flexibel nutzbare Elemente eingesetzt werden. Für das Mobiliar eignen sich Holzmöbel, die Wärme und Natürlichkeit ausstrahlen. Empfehlenswert ist Spielmaterial, das die Fantasie und Kreativität anregt oder Alltagsmaterialien, die einfach zum Tätigsein motivieren und durch Übung feinmotorische Sicherheit geben. Den meisten Kindergärten sind ihre Räume vorgegeben, nicht aber, was sie daraus machen.

2.3 Aktions- und Funktionsräume

Bewegung, auch auf kleinstem Raum, ist für Kinder das Wichtigste überhaupt, denn es bedeutet Freiheit (Knut Dietrich).

Im Kindergarten bieten sich unterschiedliche Materialien zur Ausstattung von Aktions- und Funktionsräumen an: Drehscheiben, Fühlwände, Spiegel,

Bewegung durch Erschließung kindgerechter Bewegungsräume

Tastboxen, Pappkartons, Malerböcke, Kriechtunnel, Holzklötzchen und Brettchen, Laufdosen, Pappvollen, Bierdeckel, Eierkartons, Schaumstoffteile, Kissen und Decken, Bohnensäckchen, Korken, Matten, Matratzen, Chiffontücher, Pedalos, Rollbretter, Wippen, Bällchenbad, Bänke, Laufrollis, Turnbänke, Kästen, Wippen, große Bauklötze. Schon kleine Bereiche, aber auch „nutzlose" Flächen können in Aktions- oder Funktionsräume umgewandelt werden. Hierzu einige Beispiele:

- **Garderobe und Hof:** Da Hof und Garderobe des Kindergartens gleichberechtigt neben allen anderen Spielräumen stehen, haben die Kinder jederzeit die Möglichkeit, Straßenkleidung oder Gartenkleidung (Gartenjacke, Buddelhose, Gummistiefel) anzuziehen und sich im Freien aufzuhalten. Das bedeutet, dass die Kinder lernen, den Vormittag selbst zu strukturieren und selbstverantwortlich mit ihrem persönlichen Eigentum umzugehen (Kleidungsstücke, Kindergartentasche, Frühstücksutensilien, Spielsachen). Im Garderobenbereich üben sie das täglich.
- **Flur:** Der lange Gang ist wie eine Straße. Hier können die Kinder mit ihrer Kindergartentasche flanieren, Autos flitzen lassen oder einen Barfußweg aufbauen. Die Kinder treffen sich, plaudern ein wenig, spielen zusammen und können von hier aus in die verschiedenen Gruppen- und Funktionsräume gelangen. Geeignet für den Flur sind auch Wahrnehmungsspiele an den Wänden oder Spielecken mit den unterschiedlichsten Materialien.
- **Sofa:** Das Sofa hat verschiedene Funktionen. Es dient während der Bring- und Abholzeit als Aufenthaltsstätte für gemeinsame Gespräche, Buchbetrachtungen, „Schmusereien" oder für den Informationsaustausch zwi-

schen den Eltern und dem Team der Erziehenden. Während des Freispiels ist das Sofa integriertes Spielgerät, mal ein Boot, mal ein Puppenhaus.
- **Kindercafé:** Die Kinder haben hier die Möglichkeit, während der Freispielzeit ihr Frühstück „frei" einzunehmen. Sie können frühstücken wann und wie oft sie wollen und in welcher Konstellation sie sich hierfür zusammentun: manch einer genießt die Ruhe des Alleinseins, andere wiederum bauen am Tisch Plätze an. Den Kindern werden am Buffet täglich Getränke angeboten, bei Festlichkeiten auch Essen aller Art. Wenn zusammen gekocht oder gebacken wird, essen alle gemeinsam. Jedes Kind übernimmt die Verantwortung für „seinen" Essplatz. Teller und Tassen werden nach dem Frühstück zur Spüle getragen, Krümel werden weggewischt.
- **Bauzimmer/Bauteppich/Konstruktionsbereich:** Verschiedene Konstruktionsmaterialien lassen Kinder kreativ und logisch denkend tätig werden. Bauleitungsfunktionen oder architektonische Aufgaben werden von ihnen ansatzweise übernommen: Steine verschiedenster Form, Art und Struktur sowie viele andere Naturmaterialien, Holzspielzeug, Legematerial, Tücher sind hier wichtige Bestandteile. Die Kinder lernen Handhabung und Eigenschaften der verschiedenen Baumaterialien kennen und schulen im Umgang ihre Grob- und Feinmotorik. Gleichzeitig lernen sie nebenbei auch physikalische Gesetzmäßigkeiten kennen.

Bewegung durch Erschließung kindgerechter Bewegungsräume

- **Musikecke:** Hierzu stehen den Kindern viele Instrumente (Tamburin, Trommeln, Rasseln, Orff-Instrumente, Klanghölzer) zur freien Verfügung.
  Findet all dies keinerlei Interesse, spielen hier die Kinder Brett- und Gesellschaftsspiele in kleinen Gruppen und üben sich im Puzzle.

- **Atelier – Maltische:** An verschieden ausgestatteten Tischen lernen die Kinder mit Farben aller Art und dazugehörigen Materialien umzugehen. Holz-, Wachs- und Wasserfarben stehen den Kindern ebenso zur freien Verfügung wie Schwämme, Bürsten und Scheren. Eine Staffelei und Malerkittel lassen das Erlebnis mit Palette und Acrylfarben noch spannender werden.

Bewegung durch Erschließung kindgerechter Bewegungsräume

- **Werkbank – Werkstatt:** Neben dem Malatelier wird auch in der Werkstatt die Kreativität und Feinmotorik gefördert. So hat jedes Kind an einem großen Arbeitstisch oder einer echten Werkbank die Möglichkeit, mit echtem Werkzeug zu arbeiten. Hier gibt es wie in der Schreinerei Feilen, Sägen, Zangen, Hämmer und Nägel. Sie pressen ein Brett in den Schraubstock, hämmern und sägen, schleifen und werden immer geschickter in ihrer Feinmotorik.

Bewegung durch Erschließung kindgerechter Bewegungsräume

- **Verkleidungsecke / Puppenvilla (Rollenspielbereich):** Hier entwikkeln die Kinder Rollenspiele, um Erlebtes aufzuarbeiten und Träume wahr werden zu lassen. Verschiedene Möbelstücke und Kleidungen geben diesen Spielen mehr Lebendigkeit. Selbstverständlich werden hier von den Kindern auch „Babys gewickelt" und „Essen gekocht".

- **Leseecke / Lesezimmer / Zahlenhaus:** Vor Lärm und neugierigen Blicken wird dieser multifunktionale Raum durch einen Vorhang geschützt. So kann er dazu dienen, sprachliche Fähigkeiten und logisches Denken zu fördern, ebenso das Erkennen und Zuordnen von Farben, Zahlen und Symbolen. Im Zahlenhaus können die Kinder erste mathematische Grundkenntnisse erlernen. Unterschiedliche Mengen, Formen, Größen, Gewichte und Maßeinheiten werden spielerisch aufgearbeitet und erprobt. Physikalische und chemische Experimente ergänzen diese Lerneinheiten sinnvoll.

Bewegung durch Erschließung kindgerechter Bewegungsräume

- **Traumzimmer:** Brauchen die Kinder einen ruhigen Raum zum Ausruhen, Entspannen oder leise Musikhören steht ihnen dieses Zimmer ganz schlicht eingerichtet mit einem Traumzelt und bequemen Sesseln zum Kuscheln zur Verfügung.
  Das Zimmer kann auch als Dschungel dekoriert werden, um einen idealen Lebensraum für viele verschiedene Tiere zu bieten. Zeitweise wird aus dem Zimmer auch ein fast „professionell" eingerichtetes Kinderkrankenhaus zum Spielen.
- **Spielhaus:** Im Erdgeschoss ist eine wohnliche Puppenecke eingerichtet, das Obergeschoss bleibt unmöbliert, damit die Kinder es nach ihren Wünschen gestalten können und Platz haben, um Angebote durchzuführen.

Bewegung durch Erschließung kindgerechter Bewegungsräume

- **Toberaum:** Mit Hilfe von Turngeräten, Bauelementen oder nur mit ihrer eigenen Körperkraft, können die Kinder ihrem Bewegungsdrang nachkommen, ohne durch Geschwindigkeits- oder Lautstärkeregeln gebremst zu werden. So haben sie jederzeit Platz zum Turnen und Toben, oder sie bauen mit Tüchern und Decken Höhlen oder Burgen.

- **Küche:** Die Küche ist ein Gemeinschaftsraum, der für Teamsitzungen und Besprechungen genutzt wird. Aber genauso ist die Küche auch ein Bereich für hauswirtschaftliche Angebote. Das Kochen und Backen mit Kindern gehört zum festen Programm.
- **Gemeindesaal / Bewegungsraum:** Die Kinder können auf großer Fläche hüpfen und springen. Aber auch großflächiges Malen, Bewegungsgeschichten und Sportstunden können im Saal oder im Bewegungsraum durchgeführt werden. Ein lauschiges Plätzchen auf der Bühne ermöglicht sogar Meditationen (Kindergarten St. Michael Karlsruhe 2005).
- **Sportbibliothek:** Eine gemeinsam mit den Kindern erstellte Sportbibliothek animiert zum sofortigen Schmökern und Mitmachen und soll Lust und Freude wecken, auch über die Bewegungsangebote des Kindergartens hinaus, sich sportlich aktiv zu betätigen. Mit gesammelten Sportbildern, Fotografien und gemalten Bewegungsbildern werden mit den Kindern selbst Bücher hergestellt. Die Sportbibliothek hat ihren Platz im Eingangsbereich des Kindergartens. Dort können sich Eltern und Kinder informieren, welche Sportangebote es für Kinder in der näheren Umgebung gibt (Oberlin Kindergarten Binzen 2005).

2.4 Kreative und vielseitige Garten- und Hofgestaltung

Drei Dinge braucht der Mensch: eine Höhle, eine Spielwiese und ein Morgenrot (Sprichwort).

Generell bietet der Aufenthalt im Freien, sei es im Garten oder im Wald, den Kindern ein überragendes Lernfeld. In ihrem Forschungs- und Entdeckungsdrang erobern sie sich aktiv und handelnd ihre Welt. Sie sammeln natürliche Sinneserfahrungen, entdecken Pflanzen und Tiere und sammeln Kenntnisse über deren Lebensweise und Standorte, beobachten den Rhythmus der Jahreszeiten und erwerben „hautnahe" Kenntnisse über das Wetter. Im motorischen Bereich sammeln die Kinder vielfältige Bewegungserfahrungen und schulen ihre Grob- und Feinmotorik. Durch das unbeobachtete Spiel kann sich eine größere soziale Selbstständigkeit entwickeln. Die Kinder lernen sich abzusprechen, sich über Spielinhalte zu einigen und Konflikte alleine zu lösen. Durch die großzügigeren Freiräume entstehen neue gruppenübergreifende Spiele. Die Kinder stellen ihre eigenen Regeln auf und bilden Kleingruppen nach eigener Wahl. Andere Interessen und Stärken kommen beim Spiel im Garten zu Tage (z.B. Sandbau- und Kletterspezialisten). Die Kinder haben so die Chance eine andere Rolle in der Gruppe einzunehmen. Besonders beeindruckend ist die Entwicklung von Fantasie beim Konstruktionsspiel mit Naturmaterialien oder mit unkonventionellem Spielmaterial (Sand, Steine, Stöcke, Autoreifen, Bretter, Getränkekisten, Paletten), von Problem-

Bewegung durch Erschließung kindgerechter Bewegungsräume

lösungen (Wie komme ich auf den Baum?) und von Kreativität im ästhetischen Bereich (Schmücken mit Naturmaterial, Gartenpflege). Zusätzlich entwickeln die Kinder ihre Sprache (Wortschatzerweiterung, Konfliktlösung durch verbale Mittel, Einsatz der Lautstärke), werden emotional ausgeglichener (Freude am Spiel, freundlicher Umgangston, Spannungsabbau durch Einsatz der Sprache) und selbstständiger, z.B. durch eigenständiges Ankleiden (Kindergarten Lummerland Schwäbisch Hall 2005). Der Außenbereich sollte so  angelegt sein, dass er die verschiedenen thematischen Spielbereiche in die natürlichen Gegebenheiten (natürliche Hanglage, große Wiesenfläche) integriert. Stehen dem Kindergarten nur begrenzt Gelder zur Umgestaltung des Gartens zur Verfügung, kann auch durch eine intensive Zusammenarbeit aller Beteiligten (Eltern und Erzieherteam) eine bewegungsfreundliche Garten- bzw. Hofumgestaltung gelingen.

Bewegung durch Erschließung kindgerechter Bewegungsräume

2.4.1 Beispiel: Neue Hofgestaltung St. Michael Karlsruhe (Stadtkindergarten)

Eine Sanierung des Hofs im Kindergarten St. Michael stand dringend an. Das Projekt hatte zum Ziel, die Spielmöglichkeiten der Kinder im Freien zu verbessern. Eine Mutter, gleichzeitig Architektin, leitete die Neugestaltung des Hofs. Diese Neugestaltung beanspruchte sehr viele ehrenamtliche Arbeitsstunden der Eltern und kostete letzlich 9000 €. Bei den mehreren Treffen des „Hofausschusses" wurden Ideen des Trägers, des Kindergartenteams und der Eltern skizziert, diskutiert und vor Ort begutachtet. Über 80% der Familien beteiligten sich an der Umgestaltung, die ein Jahr dauerte. Der Hof ist eher klein, hat aber den Vorteil, dass diese Fläche gut überschaubar ist. Hier stehen den Kindern mehrere fest eingebaute Spielgeräte, wie ein Schiff mit Schaltpult und Fahnenstange, eine Rutschbahn, eine Wippe, ein Sandkasten, ein Klettergerüst und Kletterlaube, eine Sinnesecke mit Zerrspiegel, optischen Täuschungsrädern und ein Barfußparcours zur Verfügung. Außerdem windet sich durch den Hof ein schöner Weidentunnel, der den Kindern Raum für ein fast unbeobachtetes Spiel lässt. Nach Bedarf benutzen die Kinder vor allem im Sandbereich und in der Kreativbauecke bewegliches Material. Aus Hölzern und Reifen lassen sich Abenteuerhütten bauen. Eine Hügellandschaft, Steingruppen und Stämme laden zum Hüpfen, Balancieren und Rutschen ein. Damit die Kinder die Veränderungen der Natur im Jahreskreis miterleben und auch lernen, daran teilzuhaben, wird ein kleiner Garten gepflegt, der im Frühjahr gemeinsam bepflanzt wird, bis im Sommer oder Spätjahr die reifen Früchte geerntet werden können.

Der triste Hof vor der Neugestaltung

Neue Wand-malerei im Hof

Ein kleiner Geräteraum dient zur Aufbewahrung der Sandel- und Spielsachen. Davor treffen sich alle Beteiligten bei angenehmen Temperaturen auf den fest angebrachten Sitzflächen und halten dort den Morgen- bzw. Abschlusskreis ab.

Der neue Hof am Frühlingsanfang

Bewegung durch Erschließung kindgerechter Bewegungsräume

Ein ausgedienter, bunt bemalter Bauwagen dient als zusätzlicher Funktionsraum im Hof. In diesem Wagen sind zusätzliche Arbeitsflächen eingebaut, damit die Kinder noch mehr Platz für Werkarbeiten haben. So wird hier in einer ganz besonderen Atmosphäre getöpfert und gemalt.

Der neue Hof am Frühlingsanfang

Bewegung durch Erschließung kindgerechter Bewegungsräume

Kinder im neu gestalteten Hof

Bewegung durch Erschließung kindgerechter Bewegungsräume

2.4.2 Beispiel: Gartenlandschaft des Oberlin Kindergarten in Binzen (Landkindergarten)

Bodentiefe Fenster ermöglichen viele Durchblicke und Ausblicke in den Garten. Ein leises Blätterspiel in den Bäumen, Rennen und Klettern, ein Feuerkäfer, das „Tropf-Tropf" des Regens auf das Dach der Hütte, Schaukeln in hohe Lüfte, Wasser und Sand, Stampfen in einer Pfütze. Naturnahe Gestaltung ermöglicht den Kindern viele große und kleine Entdeckungen mit den Naturelementen und sie erfahren auf natürliche Art Bewegungsabläufe. Die Wasserlandschaft, die mit Steinen und Findlingen wie ein natürlicher Bach gestaltet ist, regen zu vielen sinnlichen Bewegungserfahrungen an (Balancieren über Steine). Ein tolles Gefühl ist es auch, barfüßig durch das Wasser zu gehen, wenn der Matsch durch die Zehen quillt. Eine große Wiese vor dem Haus, die z.B. für Lauf-, Fang-, Ball- oder Fallschirmspiele in Gruppenorganisation genutzt werden kann, ergänzt den Garten.

Um den Kindern viele verschiedene Spielangebote zum kreativen Spiel zu ermöglichen, können folgende Ausstattungsgegenstände installiert werden:

Feste Spielgeräte, die im Garten angeboten werden können: große Sandmulde mit Wasserpumpe, Vogelnestschaukel, normale Schaukel, Wackelschlange, Rutsche mit Turm, Kletter- bzw. Spielhaus, Spielpodest (Bühne), Weidentipi, Weidentunnel, Balancierbalken, Lokomotive, Schiff, Basketballkorb, Tore, Sinnesgeräte.

Bewegung durch Erschließung kindgerechter Bewegungsräume

Bewegliche Spielangebote und Spielgeräte im Garten: Hüpfbälle, Pferdeleinen, Laufdollies, Sandspielzeug, Autoreifen, Bänke, Fahrzeuge (Roller, Laufräder, Dreiräder, Bobbycars, Inline-Skates, Skateboards, Cityroller), altes Kochgeschirr (Töpfe, Pfannen, Siebe), Baumstämme, Felsbrocken, Hängematten, Hängesessel, Trampolin, Drehkreisel, Getränkekisten, Steine, Stökke, Stelzen, Pedalos, Rollbretter, Bällebad, Kastanienwannen, Wasserrutschen, Straßenkreide, Hüpfseile, Sandelspielzeug, Gartenwerkzeug (Gießkanne, Schaufel, Harke).

2.5 Spiel- und Bewegungsräume außerhalb des Kindergartens – Wald-/Naturtage

Der Wald bietet Stille, Zeit und Raum, um seine Persönlichkeit frei entfalten zu können. Stille im Wald ist ein Gegenpol zu unserer reizüberfluteten Gesellschaft. Hier können sich die Kinder in eine Sache vertiefen, haben Zeit, um ihr eigenes Tempo zu finden und es zu leben. Sie finden dort Raum, um den grundlegenden Bedürfnissen gerecht zu werden. Das Kind will im eigenen Tun seine Umwelt entdecken, seine Grenzen erfahren und seinen Spielbereich gestalten (Waldkindergarten Todtnau 2005).

Besonders für einen Stadtkindergarten mit beschränktem Raumangebot ist es wichtig, Bewegungsräume außerhalb des Kindergartens zu nutzen, wie beispielsweise die Gymnastik- oder Sporthalle in einer nahe gelegenen Schule, einen Gemeinde- und Pfarrsaal, einen Sport-, Skater- und Basketballplatz, ein Beachvolleyballfeld, nahe gelegene Wiesen, Bäche, Hügel und Grünanlagen, öffentliche Spielplätze und den Wald.

Beispiel: Waldtage im Kindergarten St. Michael Karlsruhe
An langfristig festgelegten Terminen fahren die drei Erzieherinnen mit allen 54 Kindern und sechs Eltern als Begleitpersonen mit der Straßenbahn in den Wald nach Fischweiher (Albtal / Nordschwarzwald). Die Anfahrt beträgt mit Fußmarsch etwa 45 Minuten. Dort hat das zuständige Forstamt zwei großflächige Waldstücke zur Verfügung gestellt, welche die Kinder einen Tag im Monat, bzw. eine komplette Woche im Jahr, bei jedem Wetter besuchen. Der Waldtag dauert von 8.30 Uhr bis 14.30 Uhr. Die Kinder brauchen für den Waldtag wetterfeste Kleidung und ausreichend Verpflegung im Rucksack. Ein Tag im Wald ist vom Tagesablauf ähnlich strukturiert wie im Kindergarten. So treffen sich alle Beteiligten zu bestimmten Zeiten im gebauten „Horst" zum Frühstück, Morgenkreis, Vorstellen und Aufteilen in die Gruppenangebote und zum Abschlusskreis. Auch und gerade im Wald kommt dem Freispiel große Bedeutung zu. Das kommt besonders bei der Waldwoche zum Tragen. Die Inhalte sind z.B. Projektarbeit „Steinzeitmenschen", „lange Wanderungen" mit Lagerfeuer, Bauen von Unterschlüpfen, Tipis, Baumhäuser und freies Spiel.
Die Erfahrungen des Waldtags sind überaus positiv. Die Kinder stolpern jetzt nicht mehr über „ihre eigenen Beine" (Grob- und Feinmotorik), spielen kreativ mit dem, was der Wald ihnen jahreszeitlich bietet (Faszination und Interesse an der Natur, Fantasie im Umgang mit einfachen Materialien, kein Spielzeug), lassen sich fordern (Wanderung), lernen ihren Körper besser kennen (Hunger, Toilette, Ausruhen, Leistungsgrenzen), lernen den Umgang mit der Natur (Wetter, Kleidung, Jahreszeiten, Tiere und Pflanzen), werden sen-

Bewegung durch Erschließung kindgerechter Bewegungsräume

Impressionen „Abenteuer Wald" – Balancieren, Rutschen, Klettern und Entdecken

sibilisiert für den Wald und lernen ihn als schützenswerten Lebensraum anzuerkennen.
Während der Waldwoche steigen bei den Kindern die Zufriedenheit, die Motivation und die Ausgeglichenheit. Die Kinder und Eltern sind mehrheitlich begeistert vom Waldtag. Anfangs war die Elternschaft sehr gespalten. Die Ängste der Eltern vor Unfällen, Unbekanntem, Zeckenbissen und der Möglichkeit krank zu werden (Wetter) führten zu sehr großen Problemen und Anforderungen an das Erziehungs- und Begleitpersonal. Waldregeln gibt es nur drei: „Bei Signal sofort herkommen", „nur soweit gehen, dass man den ‚Horst' noch sehen kann" und „Schnitzmesser nur an der bestimmten Stelle benutzen".

An Materialien werden mitgenommen: Leiterwagen, Pädagogischer Rucksack, Anschauungsmaterial (Schnitzmesser, Waldregeln in Symbolen, Juri die Waldschnecke, Bestimmungsbücher, Lupen, Pinsel, Materialien wie Seile, Sägen und Schöpfgeräte, eine Erste Hilfe-Tasche, ein Handy, einen Kanister mit Wasser, Handtücher, Wechselkleider, Fotoapparat und Folien zum Sitzen.

2.6 Das Raumkonzept eines „neu erbauten" Bewegungskindergartens

Leider werden die Kinder heutzutage ja schon fast zur Bewegungslosigkeit erzogen. Schade, denn Kinder wollen Spuren hinterlassen, ihren Raum um sich herum erobern, und sie wollen an Veränderungen ihrer Umwelt beteiligt werden (Knut Dietrich).

Bei Neubaumaßnahmen können Kindergärten wesentlichen Einfluss auf die Innen- und Außengestaltung des Gebäudes nehmen. Ein gutes Beispiel ist hier der Erwin-Römmele-Bewegungskindergarten in Heilbronn, der vom Sportverein TSG 1845 Heilbronn e.V. und von der Stadt Heilbronn gebaut wurde. Helle Farben und natürliche Baumaterialien wie Holz wurden verwendet, um für die Kinder und die Erzieher eine Atmosphäre zum Wohlfühlen zu schaffen. Für 40 Kinder steht eine Kindergartenfläche von über 920 qm zur Verfügung. Auf zwei Etagen sind 295 qm Spielfläche verteilt. Hinzu kommt im Keller eine 15x15 m große Sport- und Turnhalle, die sowohl für die täglich stattfindenden Bewegungseinheiten als auch zum freien Spiel genutzt werden kann. In der Außenanlage wurde ein großer Spielbereich angelegt, der über die natürliche Hanglage hinweg die verschiedenen thematischen Spielbereiche verbindet. Wasser-Sand-Bereich, Spielburg, Rutsche, Schaukel und Weidenhäuser schaffen eine natürliche Umgebung, die sich harmonisch in die angrenzenden Streuobstwiesen einfügt.

Bewegung durch Erschließung kindgerechter Bewegungsräume

3. Bewegt durch den Kindergartentag – Bewegungs- und Sportangebote

Bewegung ist das Schwungrad des Lebens (Unbekannt).

Die „freie Bewegungszeit" im Kindergarten wird ergänzt durch gezielte Angebote und bewegungsreiche Aktionen innerhalb und außerhalb des Kindergartens, z.B. Schatzsuchen, Abenteuerwanderungen, Erlebnisausflüge (Minigolfanlage, Skaterplatz, Schlittschuhhalle, Schwimmbad, Barfußpark, Trimm-Dich-Pfad, Klettergarten, Apfel- und Kartoffelernte, Feuerwehr, Bäkker, Post) und Besuche des Sportunterrichts in der Grundschule. Im Erkunden und Entdecken der Umgebung erweitern die Kinder ausgehend von ihrem Zentrum sukzessiv den eigenen Handlungsspielraum.

3.1 Morgenkreis, Kinderplenum und Spielrunde

Statt tausend Sitzpositionen haben wir tausend verschiedene Sesselformen (Bernhard Rudowky).

Der Morgenkreis, das Kinderplenum und die Spielrunde finden nicht im Stuhlkreis, sondern auf dem Boden, mit Kissen oder Bänken unterschiedlicher Höhe statt. Jeden Tag formiert sich die so genannte „Vollversammlung". Auf dem Teppich verteilen sich bis zu 52 bunte Kissen. Die Kinder nutzen die Möglichkeit zu alternativen Sitzhaltungen, was erfahrungsgemäß längere Konzentrationsphasen mit sich bringt. Moderne Sitzkonzepte für Kinder gehen weg von der reinen „Verstuhlung". Stehsitzen, Stehen, Gehen, aber auch Liegen, Knien, Kauern und Hocken sind Möglichkeiten, wieder vermehrt Bewegung in den Alltag zu integrieren und von „unserem Gesäß wieder auf die Füße" zu kommen. „Sitzen in Bewegung" bedeutet: Kinder dürfen dynamisch sitzen und ihre Haltungen verändern, Kinder dürfen in verschiedene Körperhaltungen (Stehen, Sitzen, Liegen, Gehen) wechseln – Kinder dürfen sich viel bewegen.

3.2 Freispiel und Freispielergänzung

Kinder sollten mehr spielen, als viele Kinder es heutzutage tun. Denn wenn man genügend gespielt hat, solange man klein ist, trägt man Schätze mit sich herum, aus denen man später sein Leben lang schöpfen kann (Astrid Lindgren).

Das Spiel ist die Lebensform des Kindes und der Königsweg des Lernens. Jede Form des Spiels ist ein Lernvorgang, der die Entwicklung des Kindes, bewusst oder unbewusst, beeinflusst. Es gibt für Kinder keine ernsthaftere Bildung als im Spiel. Es kann sich beim Spiel mit dem auseinandersetzen, was es gerade beschäftigt, belastet oder interessiert. Somit ist das Freispiel ganzheitliche Förderung der kindlichen Entwicklung. Kinder brauchen Raum und Zeit für Kreativität, Fantasie und eigene Erfahrungen. Im Freispiel hat das Kind die freie Wahl des Spielinhaltes (Tätigkeit und Material), die freie Wahl des Spielortes, die freie Wahl des Spielpartners bzw. der Spielgruppe und die freie Wahl der Spieldauer. So hat es auch die Freiheit zum „Nichtstun". Die Freispielzeit beginnt in der Regel mit der Öffnung des Kindergartens (ab 7.30 Uhr) und endet mit dem gemeinsamen Aufräumen (ca. 10.30 Uhr). Die tatsächliche, für jedes Kind zur Verfügung stehende Zeit ergibt sich somit aus dessen Ankunft im Kindergarten. Deshalb wird großen Wert auf die Einhaltung der Bringzeit gelegt, damit jedes Kind täglich die Möglichkeit hat, eigene Bedürfnisse wahrzunehmen, Ideen zu entwickeln, diese praktisch umzusetzen und in das eigene Spiel zu finden. Die Kinder schulen die Koordination und die Sinneswahrnehmung, entwickeln Selbstvertrauen, Mut und logisches Denken (Wie geht das? Wie funktioniert das?), lernen Ausdauer, üben sich in Konzentration und Geduld und bauen Beziehungen auf. Während dieser „Spielzeit" werden die Kinder von den Erziehenden durch Beobachten, Anregen, Anerkennung und Motivation begleitet.

10 Regeln des Spielens:
1. Vergiss nicht, das Spielen braucht Platz!
2. Lass das Kind spielen, so lange es will!
3. Unterbrich das Spiel so selten wie nur möglich!
4. Stell nicht zu viel Spielzeug bereit!
5. Dränge das Kind nicht zu einem Spielwechsel!
6. Lass das Kind möglichst viel selbst erfinden und versuchen!
7. Lass das Kind selbstständig spielen!
8. Nimm ernsten Anteil an dem, was das Kind spielt!
9. Vergiss nicht, dass das Kind auch Spielgefährten braucht!
10. Schaffe klare Regeln, aber mache das Aufräumen nicht zur Tragödie!

Abb. 38: Spielregeln (Städt. Bewegungsorientierter John-F.-Kennedy-Kindergarten Heilbronn 2005)

3.3 Die Kinderrückenschule im Kindergarten als spezielles Bewegungsangebot

Die Wirbelsäule ist ein langes Ding, das den Rücken runterläuft. Oben sitzt mein Kopf und unten ich (Spruch eines Kindes).

Stimmungen und Gefühle drücken sich immer in der Haltung aus, umgekehrt beeinflussen Bewegung und Haltung das emotionale Befinden. Ziel der Rückenschule für Kinder ist es, den Kindern ganzheitlich den Rücken zu stärken, ihre körperlichen Eigenschaften und motorischen Fähigkeiten zu fördern und sie psychisch dabei zu unterstützen, dass sie „aufrecht durchs Leben gehen", „sich nicht so schnell aufgeben", „Mut zur Wahrheit haben",

Bewegt durch den Kindergartentag – Bewegungs- und Sportangebote

„Nein sagen können" und „Rückgrat zeigen". Die Rückenschule kann einmal wöchentlich für 60 Minuten mit allen Kindern durchgeführt werden. Die Kinder werden dabei in mehrere Gruppen eingeteilt, an manchen Tagen kann aber auch mit allen Kindern gemeinsam gespielt werden. In einer aktuellen Studie mit Vorschulkindern konnte gezeigt werden, dass ein spezielles Bewegungsförderprogramm im Sinne der „Rückenschule für Kinder" über einen Zeitraum von sechs Monaten (einmal wöchentlich) Haltung, Rumpf- und Fußmuskelkraft sowie die motorische Leistungsfähigkeit positiv beeinflusst (Weiß et al. 2004). Von Bewegungsprogrammen im ‚Setting Kindergarten' profitieren alle Kinder, besonders die sozial benachteiligten Kinder und vor allem die Kinder, die Bewegungsdefizite oder Bewegungsauffälligkeiten zeigen und/oder die sich im Alltag zu wenig bewegen.

Die praktische Umsetzung erfolgt durch vielfältige Spiel- und Übungsformen oder Lernsituationen zur Wahrnehmungs- und Haltungsförderung, zur Schulung der Koordination, zur Muskelförderung, zur Verbesserung des Herz-Kreislaufsystems und zur Verbesserung der Entspannungsfähigkeit:

- *Kleine Spiele, Laufspiele, Kreativspiele und Fangspiele* haben physische und psychosoziale Zielsetzungen. So belasten Lauf- und Bewegungsspiele die Kinder einerseits über eine längere Zeit, was sich positiv auf die Motorik, auf Herz-Kreislaufparameter und auf Risikofaktoren auswirkt (Ketelhut et al. 2005), andererseits lernen die Kinder dadurch ihre Kräfte einzuteilen und spüren relativ schnell die auftretenden Verbesserungen beim regelmäßigen Üben. Zusätzliche tägliche Ausdauerbelastungen (915m Dauerlauf) führten bei Kindern im Vorschulalter nach sechs Monaten zu einer verbesserten körperlichen Leistungsfähigkeit (Klimt 1992, 146).
- *Körperwahrnehmungsübungen* schulen die sinnliche Wahrnehmung. Sie ermöglichen das bewusste Spüren und Erfahren des eigenen Körpers in Ruhe und Bewegung sowie das Kennen lernen und Einschätzen eigener Fähigkeiten und Reaktionen im Kontakt mit der Umgebung. Dadurch helfen diese Übungen ein positives Verhältnis zum eigenen Körper aufzubauen. Eine gut funktionierende, leistungsfähige Wahrnehmung ist zusammen mit den koordinativen Fähigkeiten Voraussetzung für jede Körperhaltung und Bewegung.
- *Übungen zur Haltungs- und Bewegungsförderung* im Sitzen, Stehen, Heben und Tragen stehen in enger Verbindung zu den Übungen der Körperwahrnehmung. Sie regen an, den eigenen Körper in unterschiedlichen Situationen wahrzunehmen, vielfältige Haltungsvariationen auszuprobieren und positive Aspekte der aufrechten Haltung kennen zu lernen.
- *Vielseitige Spiel- und Bewegungsformen* sind die Grundlage dafür, dass Bewegungen gezielter, ökonomischer und harmonischer ablaufen und dass neue Bewegungen schneller und leichter erlernt werden können. Sie ver-

bessern die Bewegungssicherheit und reduzieren dadurch die Verletzungs- und Unfallgefahr. Die koordinativen Fähigkeiten spielen überall eine Rolle: beim Balancieren, Hüpfen oder Raufen (Gleichgewicht), beim Klettern oder im Dunklen spielen (Orientierung), beim Fangen oder Rollschuh fahren (Reaktion), beim Seilspringen (Rhythmisierung), beim Hampelmann (Differenzierung) oder beim Skifahren und Fußball spielen (Kopplung). Einhergehend mit der schnellen Gehirnentwicklung entwickeln sich die koordinativen Fähigkeiten im Kindesalter bis zum Beginn der Pubertät am intensivsten.

Gerade im frühen Kindesalter (4 bis 5 Jahre) ist ein Zusammenhang zwischen der koordinativen und kognitiven Entwicklung zu beobachten, so dass auch in den Kindergärten und Kindertagesstätten eine ganzheitliche Förderung, die sowohl die Kognition als auch die Motorik berücksichtigt, sehr wichtig ist. So könnte ein Einfluss des motorischen Leistungsniveaus auf die kognitiven Grundfunktionen vorliegen, umgekehrt könnte aber auch eine zunehmend fortgeschrittene kognitive Entwicklung die Ausführung zentralnervös gesteuerter Bewegungen positiv beeinflussen (Völker-Rehage 2005). Eine besondere Förderung der koordinativen Fähigkeiten gewährleistet in früher Kindheit den Erhalt von überschüssig vorhandenen Neuronen und die zugehörige Synapsenbildung, was wiederum eine Voraussetzung für eine bessere intellektuelle Entwicklung bietet (Hollmann & Strüder 2004).

- *Übungen zur Kräftigung bestimmter Muskelgruppen bzw. zur Mobilisation* wichtiger Gelenke sollten in kindgemäße Spiel- oder Übungsformen verpackt und erlebnisorientiert angeboten werden, z.B. als Bewegungsgeschichten („Wir besuchen den Zoo", „Besuch auf dem Bauernhof", „Dschungelfahrt") oder als Kartenspiel mit Tierbildern. Das Bewältigen des eigenen Körpergewichts in unterschiedlichen Lagen und Bewegungen wie Klettern und Hängen, Schaukeln und Schwingen, Stützen, Ziehen und Schieben, über Hindernisse springen, Laufen, Kriechen, Schlängeln und Robben bieten im Sinne eines Ganzkörpertrainings die besten Reize für eine vielseitige und umfassende allgemeine Entwicklung des Bewegungsapparates.
- *Entspannungsübungen* sind für Kinder synonym zu Tätigkeiten wie in Ruhe spielen, Lesen, Bilder anschauen, Musik oder Geschichten hören und Malen. Prinzipiell sind alle Übungen der sinnlichen Wahrnehmungsförderung schon Entspannungsübungen. Stille- und Ruhephasen werden von Kindern in der Regel als angenehm empfunden, wenn sie mit innerer Beteiligung verbunden sind oder einen spielerischen Charakter haben.
- Die praktischen Übungen werden begleitet durch eine sehr anschauliche, plastische und erlebnisreiche *Wissensvermittlung*. So nehmen Kinder bei-

Bewegt durch den Kindergartentag – Bewegungs- und Sportangebote

spielsweise leichter Informationen über die Wirbelsäule auf, wenn sie ein Wirbelsäulen-Modell biegen und drehen können, die Bewegungen der Wirbelsäule gleich mit Übungen nachahmen können oder die Dornfortsätze der Wirbelkörper oder Bewegungen bei sich oder einem anderen Kind erspüren können.

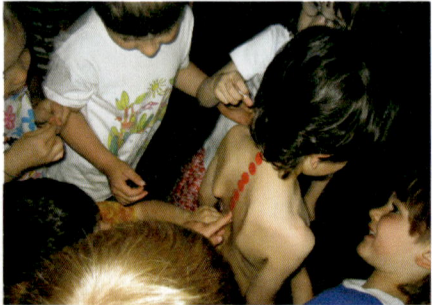

3.4 Die Bewegungsbaustelle als allgemeines Bewegungsangebot

Wer sich bewegt, bringt etwas in Bewegung (Robert Lerch).

Die Bewegungsbaustelle, die im Kindergarten den ganzen Tag oder nur stundenweise geöffnet ist, wird mit unterschiedlichen Bauelementen und Alltagsgegenständen wie Fahrzeugen, Wippen, Weichbodenmatte, Kreisel, Schaumstoffrad, Kästen, Balken, Holzklötze, Rohre, Reifen, LKW-Schläuche, Pedalos und Rutschbretter aufgebaut. Sie hilft den Kindern, selbstständig ihre Bewegungsumwelt mitzugestalten, bietet vielfältige Chancen zum Klettern, Hüpfen, Balancieren, Schaukeln, Wippen, Rutschen und ermöglicht dadurch wichtige Bewegungs- und Körpererfahrungen. Die Elemente sind so gewählt, dass unzählige Variationen des Aufbaus möglich sind. Durch den Umgang und das Spielen mit den verschiedenen Materialien und Objekten sammeln die Kinder Informationen und Erkenntnisse über die Eigenschaften und die Gesetzmäßigkeiten der realen Umwelt und bilden dadurch Sach- und Handlungskompetenz aus. Die Kinder erleben, dass sie selbst etwas bewirken können und bekommen Vertrauen in ihre eigenen Fähigkeiten. Die Kinder können selbstständig die Bewegungsbaustelle besuchen und unter minimaler Aufsicht sich austoben, alleine oder gemeinsam spielen, kreativ eigene Bewegungsanlässe herstellen und Rollenspiele inszenieren. Sie lernen, sich mit anderen Kindern zu verständigen, zu kooperieren, zu helfen und sich helfen zu lassen, Rücksicht zu nehmen, Verantwortung zu tragen, Empathie zu zeigen, eigene Standpunkte zu verdeutlichen und sich durchzusetzen.

Bewegt durch den Kindergartentag – Bewegungs- und Sportangebote

Hierbei sammeln die Kinder wertvolle Sozialerfahrungen. Dies sind auch Erfahrungen, über die Erziehende berichten: Zwischen den Kindern werden Absprachen notwendig und es erfolgt eine schnelle Verständigung, meist über Mimik und Gestik (Kommunikation). Die Kinder lernen ihre Grenzen kennen und müssen schnell reagieren (Unfallverhütung). Sie lernen miteinander zu spielen und Hilfestellung zu geben (Sozialkompetenz) und entwickeln unbewusst ein Gespür von physikalischen Zusammenhängen, z.B. Reibung und Gleichgewicht (Handlungs- und Effektwissen).

Kinder lieben Drehen, Schwindel, Schwung und das Spiel mit dem Gleichgewicht – Spielstationen in der Bewegungsbaustelle

Bewegt durch den Kindergartentag – Bewegungs- und Sportangebote

3.5 Sportarten kennen lernen durch Kooperationen

Ohne ein Kind zu fordern, kann man es nicht fördern (Gerlinde Nyncke).

Ideal ist eine Kooperation mit Sportvereinen oder Institutionen, die spezielle Bewegungsangebote für Kinder durchführen. Von dieser Kooperation profitieren beide Institutionen gleichermaßen – Kindergarten wie Sportverein. Zur langfristigen Einbindung von Bewegung in die alltägliche Arbeit im Kindergarten erhalten die Erziehenden praktische Impulse und Unterstützung durch eine qualifizierte Bewegungsfachkraft. Im Idealfall führen Bewegungsfachkräfte im Beisein von Erziehern regelmäßige Bewegungsangebote in der Kindertageseinrichtung oder einer nahe gelegenen Sporthalle durch. So bekommen bereits vielerorts auch Kindergärten die Gelegenheit, einmal pro Woche die Sporthalle zu nutzen und dabei den Einsatz von Großgeräten und Sport- und Bewegungsmaterialien kennen zu lernen. Im Gegenzug kann der Sportverein auf seine Sportangebote aufmerksam machen. Durch die Kooperation mit einem Sportverein bekommen alle Kinder die Möglichkeit, in verschiedene Sportarten hineinzuschnuppern und zu erleben, ob diese ihren Neigungen entsprechen. Durch verschiedene Schnupperkurse wird das Bewegungsangebot des Kindergartens sinnvoll ergänzt und kann den Kindern als zusätzliches Freizeitangebot dienen. In den Sportvereinen finden die Kinder eine Vielzahl an Sport- und Bewegungsangeboten wie z.B. Wassergewöhnung und Schwimmunterricht, Reiten, Voltigieren, Kindertennis, Tischtennis, Hockey, Skifahren, Inline-Skaten, Fußball, Kinderleichtathletik, Klettern, Turnen, Tanzen und vieles mehr.

Bewegt durch den Kindergartentag – Bewegungs- und Sportangebote

Kinder interessieren
sich für Sport

Übungsklettern an der Kletterwand

3.6 Bewegungsförderung durch Aktionen

Ein Kind, das dort aufwächst, wo immer getanzt wird, kann tanzen (afrikanische Weisheit).

An Bewegungsaktionen ist alles möglich: im oder außerhalb des Kindergartens, in oder außerhalb der Kindergartenzeit, einstündig, mehrstündig oder mehrtägig, ohne oder mit den Eltern, ohne oder mit externen Fachkräften.

3.6.1 Sportfeste

Leichtathletik-Miniolympiade: Bei einer Leichtathletik-Miniolympiade schnuppern die Kinder in die Welt des Sports und lernen die Disziplin- und Angebotsvielfalt auf einem Sportplatz kennen. Disziplinen wie 50m-Sprint, Rundenlauf (400m), Staffellauf, Reifenlauf, Hindernislauf, Weitsprung, Hochsprung, Heulbojenwerfen und Tauziehen ermöglichen das Ausprobieren der eigenen Leistungsfähigkeit und ein Kräftemessen. Die Kinder erleben ein Gruppengefühl bei Mannschaftsaufgaben und entwickeln eine Frustrationstoleranz bei Wettkämpfen. Das Thema „Olympische Spiele" kann auch als Projekt mit den Kindern durchgeführt werden. Den Rahmen bilden: Kinderkonferenz, Auswahl der Sportarten und Wettkampforte, Trainingsaktionen, Wettkämpfe, Siegerehrung und Siegerlied, Sportlerfeier.

Ausprobieren, Spaß haben, Kräftemessen – „Gemeinsam sind wir stark"

Nonsens-Olympiade: Das Reizvolle an der Nonsens-Olympiade besteht darin, dass die Wettbewerbe aus lustigen Tätigkeiten (Stationen) bestehen, bei denen Kinder je nach Alter einzeln oder zu zweit antreten. Die erzielten Leistungen können in einen Laufzettel eingetragen werden oder die Teilnahme der Kinder wird an jeder Station mit einem Stempel bestätigt. Stationen der Nonsens-Olympiade können sein:

- Kirschkernweitspucken (Ziehen Sie eine Markierungslinie. Jedes Kind erhält drei Kirschkerne, einer davon sollte die Markierungslinie treffen),
- Gummistiefelweitwurf (Wer wirft den Gummistiefel am weitesten?),
- Teebeutelwerfen (Wer wirft mit welcher Technik den Teebeutel am weitesten?),
- Rückwärtslaufen (2-3 Kinder laufen um die Wette rückwärts. Sie orientieren sich dabei grob an einem vorgegebenen Streckenverlauf, z.B. aufgezeichnete Linie),
- Gummistiefelwettlauf (2-4 Kinder laufen nebeneinander um die Wette. Sie tragen dabei übergroße Gummistiefel von den Eltern),
- Schubkarrenrennen (paarweise treten die Kinder gegeneinander an. Ein Kind sitzt in der Schubkarre, eines steuert mit der Schubkarre auf einen Zielpunkt zu. *Variation*: Sie können auch Hindernisse aufbauen),
- Vierfüßlerlauf (mehrere Kinder treten zum Wettlauf gegeneinander an. Sie laufen dabei im Krebsgang auf Händen und Füßen),
- Softball-Zielwerfen (verschiedene Bälle werden in geöffnete Regenschirme geworfen, die verkehrt herum im Geäst eines Baumes hängen).

3.6.2 Sport und Spiele

In einem speziellen Projekt lernen die Kinder diverse Mannschaftsspiele kennen und werden mit ihren Regeln vertraut. Die Kinder können ihren Bewegungsdrang in Wettkampfsituationen ausleben. Gleichzeitig wird das Sozialverhalten gefördert, indem Aspekte wie Regeln einhalten, Fairplay, Teamgeist und Rücksichtnahme eingeübt werden.

3.6.3 Fußballprojekt / Fußball-WM

Training mit einem „echten" Fußballcoach, Spielen auf einem Bolzplatz, Erfinden eines Schlachtrufes, Anfertigen von Trikots, Besuch eines großen Fußballstadions, Besuch des Trainings einer Fußballmannschaft, Durchführung eines Spiels gegen einen benachbarten Kindergarten oder die Durchführung einer kleinen Mini-WM können hier Elemente sein.

3.6.4 Zirkusprojekt / Musical

Alle Kinder üben über eine ganze Woche hinweg einzelne Kunststücke ein, die dann vor den Eltern in einer Zirkus-Vorstellung präsentiert werden. Aufwändiger ist das Einstudieren eines Musicals, wie es der Kindergarten St. Michael mit seinem 90-minütigem Stück „Hexe Rackbacka" in mehreren Aufführungen demonstriert hat.

3.6.5 Minimarathon / Lauftraining

Der gesamte Kindergarten, d.h. Kinder mit ihren Eltern und das Team der Erziehenden bereiten sich gemeinsam auf einen Städtelauf oder Minimarathon vor. In der Regel absolvieren die Kleinsten am Vortag eines Städtemarathons einen 400m-Lauf. Die Kindergartenkinder sollten mindestens ihr Lebensalter in Minuten laufen können. Ein gemeinsames Training auf dem Sportplatz, ein gemeinsames T-Shirt und ein Schlachtruf oder ein Marathonlied gehören zum Programm der Vorbereitung.

3.6.6 Fitkids – Fitnessstudio für Kinder

Was bedeutet fit sein? Was machen Erwachsene, um fit zu werden? Was können Kinder machen, um fit zu sein? Dieses komplexe Thema eignet sich als übergreifendes Thema (mit Ernährung), das mit dem zeitlich begrenzten Einrichten eines Kinder-Fitnessstudios (Koordinationsgeräte wie Kreisel, Stabilisationstrainer, Boxsack, Therabänder) verbunden ist.

4. Bewegung durch Elternveranstaltungen und Elterninformation

Kinder brauchen unsere Fürsorge, weil sie unsere Zukunft sind (Sir Peter Ustinov).

Gespräche, regelmäßige Elternbriefe, Elternabende, Schnuppertage und Elternveranstaltungen fördern den Austausch zwischen Eltern und Kindergartenteam wie auch zwischen den Eltern untereinander. Wochenpläne im Eingangsbereich informieren Eltern täglich über das Geschehen im Kindergarten. Im Rahmen der Bewegungsförderung ist es wichtig, die Eltern über die Bedeutung von Bewegung zu informieren und gemeinsame Familien-Aktionen durchzuführen, bei denen Eltern und Kinder sich gemeinsam bewegen und dabei Freude und Spaß erleben.

4.1 Bewegte Elternabende

Kinder brauchen Vorbilder nötiger als Kritiker (Joseph Joubert).

Ein „bewegter" Elternabend im Kindergarten bringt den Eltern in Theorie und Praxis die Bedeutung von Bewegung und Haltung in Kindergarten, Schule und Familie sowie die Zusammenhänge einzelner Projekte näher. Die Eltern erfahren praktische Möglichkeiten (Testverfahren) zur Beobachtung ihrer Kinder, zur Auswahl von ergonomischem Mobiliar und Kindergartentaschen und sehen deren optimale Nutzung (Einstellung und Gewichte). Den Eltern soll ihre besondere Vorbildrolle bewusst werden und sie sollen Möglichkeiten zur Förderung ihres Kindes kennen lernen. Die Bewegungspausen dienen nicht nur der Auflockerung, sondern fördern gleichzeitig den sozialen Kontakt der Eltern untereinander.

4.2 Elterngespräche

Erziehen heißt, natürliche Anlagen entwickeln (Abbe Ferdinando Galiani).

Mindestens einmal im Jahr sollte ein Elterngespräch stattfinden, in dem das Wissen der Erziehenden über die Entwicklungsschritte der Kinder an die Eltern weitergegeben wird. Die Eltern sollen gemeinsam mit den Erziehern auch Schwächen ihres Kindes erkennen, gezielt Fördermöglichkeiten entwickeln und ggf. auf weiterführende, externe Beratungsstellen hingewiesen werden. Unsicherheit, Unkenntnis und überbehütetes Erziehungsverhalten führen nicht selten dazu, ein Kind zu unterfordern.

4.3 Elternbriefe und Elternzeitschrift

Ein Kind ist ein Buch, aus dem wir lesen und in das wir schreiben sollten (Peter Rosegger).

In einem Elternbrief wird auf den vergangenen Monat zurückgeblickt. Auch kommende Themen, Ausflüge oder wichtige Informationen werden behandelt. Im Elternbrief berichten die Erzieher über ihr Wissen und ihre Beobachtungen und geben den Eltern Tipps und Anregungen für ihr eigenes Verhalten. Eine Elternzeitschrift dient als Informationsforum und als Sprachrohr für alle Belange im Kindergarten.

4.4 Eltern-Mitmach-Aktionen

Das wertvollste was Eltern ihren Kindern mit auf den Weg geben können sind schöne Erinnerungen (Sprichwort).

Regelmäßige Eltern-Mitmach-Aktionen lassen sich über das gesamte Kindergartenjahr gut durchführen. Ziel ist es, die Eltern, vor allem aber auch die Väter in den Kindergartenalltag einzubeziehen, ihnen Elemente der Bewegungserziehung bewusst zu machen und über die Entwicklungsschritte der Kinder zu informieren. Dadurch, dass die Kinder ihren Eltern Dinge zeigen, die sie im Kindergarten gelernt haben, regen sie damit auch die Eltern an, selbst mitzumachen.

4.4.1 Schatzsuche und Spielfest

In einer Schatzsuche erleben die Kinder die Eltern als Träger oder als Zugpferde, die gemeinsam mit ihren Kindern einen verborgenen Schatz suchen müssen. Eine weitere Möglichkeit Eltern und Kinder gemeinsam Spiel und Sport erleben zu lassen, ist ein Spielfest mit einzelnen Stationen und gemeinsamen „New Games".

4.4.2 Papa-Kind-Zelten

Ein Wochenende Zelten, nur die Kinder mit ihren Vätern, da kann man allerlei erleben. Zeltaufbauen, Sachen verstauen, gemeinsam Kochen, Lagerfeuer, Nachtwanderung, Klettertour, im See baden und vieles mehr.

4.4.3 Familienfreizeiten

Eine Woche Skifahren im Freundeskreis auf einer Hütte in 1800m Höhe mit 30 Kindern, 26 Eltern. Die Skikurse sorgen dafür, dass alle Kinder den „lan-

Bewegung durch Elternveranstaltungen und Elterninformation

gen" Abschluss-Slalom super bewältigen können. Fackelabfahrt, Schneebobfahren, Schanzenspringen, Slalomtraining, Iglubauen, Schneespiele runden das Schneevergnügen ab (Kindergarten St. Michael Karlsruhe 2005). Andere Familienaktionen können auch geführte Wanderungen oder Klettertouren mit entsprechender Ausrüstung sein.

5. Bewegung in Lern-, Förder- und Entwicklungsbereichen

Bewegung ist Leben, Leben ist Bewegung (Sprichwort).

5.1 Bewegung und Körper – Körper- und Sinneswahrnehmung

Echte Wahrheit erleben wir durch die Sinne (Friedrich Nietzsche).

Bewegung und Wahrnehmung sind zentrale Bestandteile der Persönlichkeitsentwicklung. Sie sind Teil der Entfaltung kognitiver Fähigkeiten und eng verbunden mit der Entwicklung von Kommunikation und Sprache. Im Wahrnehmungsprozess treten Kinder in Bezug zu ihrer Umwelt. Personen, Gegenstände und Situationen werden so mit allen Sinnen handelnd begriffen. Voraussetzung für die Erkundung und Aneignung der Umwelt sind motorische Handlungen. Die Kinder können Erfahrungen mit dem eigenen Körper machen (sensibel werden), um ihn zu kontrollieren und ihn gegenüber anderen Kindern als Ausdrucksmöglichkeit zu nutzen. Jedoch verlieren immer mehr Kinder das Gefühl für ihren eigenen Körper. Daher ist es heutzutage umso wichtiger, ihre Eigenwahrnehmung zu fördern.

Reize werden von Sensoren oder Rezeptoren aufgenommen und an das Zentrale Nervensystem weitergeleitet. Dort werden sie auf Rückenmarksebene oder im Gehirn verarbeitet und mit einer Muskelaktivität (Bewegung, Mimik, Sprache) beantwortet. Umweltreize wie z.B. Licht, Schall, Temperatur oder eine Berührung werden von den sogenannten Exterozeptoren registriert, Reize vom Körperinneren wie z.B. Längen-, Spannungs- oder Druckveränderung in Muskeln, Sehnen oder Gelenken von den sogenannten Interozeptoren oder Propriozeptoren. Für die Motorik sind besonders die optische Wahrnehmung (Sehen), die taktile Wahrnehmung (Tasten), die akustische Wahrnehmung (Hören) und die kinästhetische Wahrnehmung (Muskel- und Gleichgewichtssinn) wichtig.

Tipp: Im Mittelpunkt der Lerneinheit *Bewegung und Wahrnehmung* sollten spielerische und alltagsbezogene Handlungssituationen stehen. Flexibles Handeln sowie die Bereitstellung entwicklungs- und altersgemäßer Materialien und Hilfsmittel sind unabdingbare Voraussetzungen für den Lern- und Entwicklungserfolg der Kinder. Die nachfolgenden Bewegungsspiele sind unterteilt in die Wahrnehmungsbereiche Körperraum, Gleichgewicht, Bewegungsempfinden, Tasten, Hören, Sehen, Schmecken und Riechen.

Bewegung in Lern-, Förder- und Entwicklungsbereichen

5.1.1 Spielformen zur Körperwahrnehmung und Erfahrung des Körperraumes

- **Körper erforschen:** Was ist alles an uns dran? Die Kinder benennen Körperteile. Es fällt auf, dass die Haare sehr unterschiedlich sein können: lang – kurz, glatt – wellig – kraus, blond – dunkel – rötlich. Gibt es jemand, der dir ähnlich sieht? Wo fühlt sich dein Körper hart oder weich an? Wo hast du Muskeln? Wie fühlen sie sich an? Wo spürst du Knochen? Die Kinder ertasten die Knochen an den Fingern, an den Beinen, am Rücken des Nachbarn und suchen die Gelenke am Körper. Wie groß bist du? Die Kinder messen ihre Körpergröße an einer Messlatte. Anschließend sortieren sie sich nach der Größe.
- **Körperteile raten:** Partnerweise. Ein Kind hat die Augen geschlossen. Das andere Kind berührt nacheinander einzelne Körperteile beim Partnerkind. Das Partnerkind sagt, ob es oben, unten, hinten oder vorne berührt worden ist und nennt den Namen des Körperteils.
- **Gegenstände erspüren:** Partnerweise. Die Kinder legen sich gegenseitig Gegenstände wie Bohnensäckchen, Wäscheklammern oder Bierdeckel auf eine beliebige Körperstelle und spüren das Gewicht auf ihrem Körper. Zunächst sollen die Kinder an die Stelle fassen, an der sie den Gegenstand auf ihrem Körper spüren. In einem nächsten Schritt sollen sie versuchen, die Stelle auch zu benennen. *Variation:* sich gegenseitig mit unterschiedlichen Materialien, wie z.B. Feder, Tennisball, Topfkratzer oder Tannenzapfen über die Arme, Beine, Bauch und Rücken streichen.

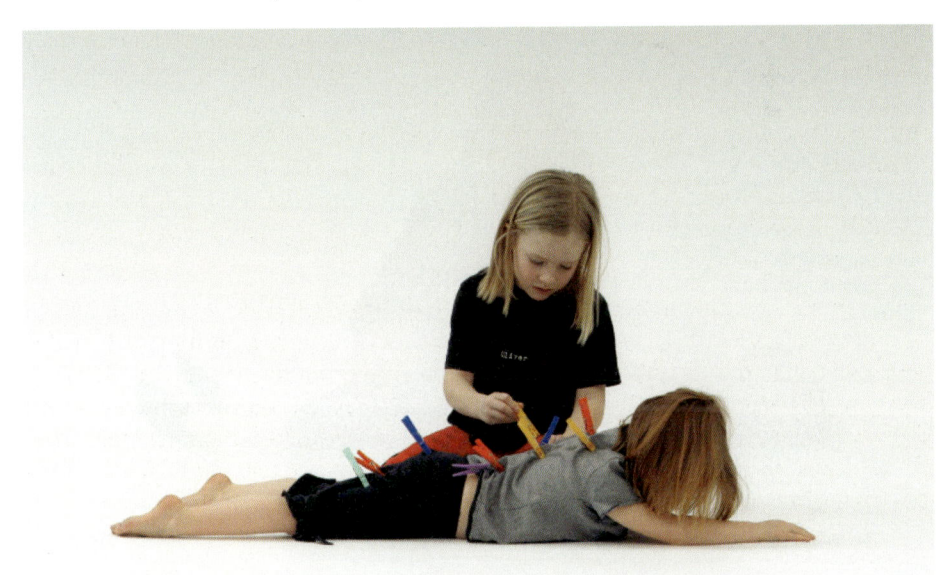

Bewegung in Lern-, Förder- und Entwicklungsbereichen

- **Körperformen erspüren:** Ein Kind legt sich in beliebiger Körperhaltung unter ein großes Tuch oder Bettlaken. Die anderen Kinder tasten den bedeckten Körperumriss ab und versuchen Körperteile zu erkennen und zu benennen. *Variation:* genaue Körperposition ertasten, um sie mit dem eigenen Körper möglichst exakt nachzustellen und nachzuahmen. *Anmerkung:* Es ist wichtig, dass die Kinder vergleichen, ob ihre eigene Vorstellung der Körperposition mit der übereinstimmt, die sich tatsächlich unter dem Tuch befindet.
- **Körperumrisse nachlegen:** Partnerweise. Ein Kind liegt ausgestreckt am Boden. Mit Hilfe von Seilen legt das Partnerkind den Körperumriss nach, so dass das Kind später aufstehen kann, um sich seine Körperform zu betrachten und um sie mit der eigenen Vorstellung zu vergleichen. Danach werden die Rollen getauscht. *Tipp:* am Ende die Kinder im Raum herumgehen lassen, um die Körperumrisse der anderen zu betrachten, zu vergleichen, den eigenen Körper in Relation zu den anderen zu sehen und auch versuchen, ob sie in anderen Umrissen Platz haben. Bin ich größer oder kleiner, breiter oder schmaler? *Variation:* auf großen Papierbogen die Umrisse der Körper nachmalen und vergleichen. Diese Bilder werden später mit den Namen der Kinder versehen und an den Wänden aufgehängt. In der Senkrechten erhält man eine neue Perspektive.

Bewegung in Lern-, Förder- und Entwicklungsbereichen

- **Schneckenspaziergang:** Jedes Kind bekommt ein mit einem Seil aufgerolltes Schneckenhaus auf den Rücken gelegt. Es wird eine ruhige, langsame Musik gespielt. Die Kinder kriechen dazu durch den Raum und tragen dabei ihre „Schneckenhäuschen" vorsichtig auf dem Rücken, ohne dass diese verrutschen oder herunterfallen.
- **Die Rhythmen meines Körpers:** Habt ihr schon entdeckt, dass euer Körper einen Takt schlägt wie ein kleines Schlagzeug? Fühlt mal euren Puls und sprecht bei jedem neuen Pulsschlag die Laute „bumm, bumm". Jetzt hüpft einige Sekunden schnell auf der Stelle auf und ab und wiederholt die Pulsmessung. Hat sich der Rhythmus verändert? Wann ist er schneller und wann langsamer? Versucht auch mal, den Körperrhythmus herauszufinden. *Variation:* Erfahren des eigenen Herzrhythmus mit Händen und Stethoskop.

Bewegung in Lern-, Förder- und Entwicklungsbereichen

5.1.2 Spielformen zur Förderung der vestibulären Wahrnehmung (Gleichgewicht)

- **Balancieren:** Die Kinder versuchen auf einem Bein zu stehen, auf einem Bein und einer Hand, auf Zehenspitzen. *Variation:* Gleichgewicht halten auf verschiedenen Übungsgeräten, z.B. Therapiekreisel, Wackelbrett, Pedalo, Stelzen, Rollbrett, Schaukel, Wippe.

- **Transportieren und balancieren:** Verschiedene Gegenstände über eine abgesteckte Strecke balancieren und transportieren, z.B. Kissen, Buch und Zeitung auf dem Kopf, Küchenrolle, Bohnensäckchen auf einer Schulter, am Wendepunkt in die Hocke gehen und wieder aufstehen. *Variation:* partner- und gruppenweise; auch über Hindernisse balancieren (Kästen, Holzlatten, Leitern), mit und ohne Hilfsmittel (Besenstiel, Schirm, zwei volle Flaschen) in den Händen.

- **Schaumstoff-Balance:** Ein Gartenschlauch, ein Seil oder Schaumstoffrollen werden in Windungen ausgelegt. Wie weit können die Kinder auf den Schaumstoffrollen, auf dem Schlauch oder Seil balancieren, ohne den Boden zu berühren? Wie weit schaffen sie es, wenn sie dabei eine mit Sand gefüllte Socke auf dem Kopf balancieren?

- **Baum im Wind:** Ein Kind steht verwurzelt wie ein „Baum", der sich im Wind bewegt. Der „Wind" bläst aus verschiedenen Richtungen, wird zum Sturm, zum Orkan, ohne dass der „Baum" entwurzelt wird und das Kind sein Gleichgewicht verliert. Spürst du, dass deine Muskeln dabei ganz schön arbeiten müssen?
- **Einbein-Spiele:** Partnerweise. Zwei Kinder stehen sich, jeweils auf einem Bein, gegenüber und versuchen sich gegenseitig eine Mütze über den Kopf zu ziehen, sich gegenseitig die Strümpfe hochzuziehen, mit verschränkten Armen und – auf Kommando auch mit geschlossenen Augen –

auf einem Bein stehen zu bleiben, sich einen Ball oder zwei Jongliertücher hin und her zu werfen, einbeinig auf einem wackeligen Gegenstand (Therapiekreisel, Wackelbrett) zu stehen.
- **Storch:** Jedes Kind steht in seinem „Haus" (Reifen oder Teppichfliese). Alle Kinder spielen nach folgendem Text: Ein Storch steht stolz und ganz allein auf seinem langen Storchenbein (auf einem Bein stehen und Arme ausbreiten). Er klappert uns mit seinem großen Schnabel zum Gruß (Arme vor dem Körper ausgestreckt auseinander und zusammenführen) und wechselt auf den anderen Fuß (auf das andere Bein stellen). Er breitet seine Flügel aus (Arme seitwärts strecken) und fliegt jetzt in ein anderes Haus (alle Kinder suchen sich einen anderen Reifen).
- **Walze/Fließband:** Die Kinder liegen alle dicht nebeneinander und rollen gleichzeitig um die Längsachse. *Variation:* Ein Kind wird oben auf den anderen Kindern befördert.
- **Karussell:** Kreisaufstellung mit Handfassung. Folgender Text wird gesprochen und sich entsprechend dazu bewegt: Langsam, langsam fängt es an, immer schneller wird es dann, sauseschnell, sauseschnell, sauseschnell dreht sich das Karussell, bis der Schwung vergeht und es wieder steht.
- **Schlittenfahren/Rollbrettreiten:** Partnerweise. Ein Kind liegt oder sitzt auf dem Schlitten bzw. Rollbrett, darf sich aber nicht mit den Händen festhalten. Das andere Kind zieht den Schlitten (das Rollbrett). Am Wendepunkt der Strecke wird gewechselt. Nun sitzt das „Zugpferd" auf dem Schlitten (Rollbrett). Welches Zweier-Team schafft es am schnellsten, die Strecke dreimal zu umfahren, ohne dass ein Kind vom Schlitten (Rollbrett) fällt?

5.1.3 Spielformen zur Förderung der kinästhetischen Wahrnehmung (Bewegungsempfinden)

- **Tauziehen:** Gruppenweise. Auf beiden Seiten eines langen Taus wird gezogen. Jede Gruppe versucht, die andere auf ihre Seite zu ziehen.
- **Schiebekampf:** Zwei Kinder stehen sich gegenüber, die Hände liegen gegeneinander. Jedes Kind versucht, den anderen „aus dem Ring", d.h. von einer Matte (Begrenzung), zu schieben.
- **Luftballon-Fahrstuhl:** Drei oder vier Kinder bilden einen engen Kreis und legen sich die Arme über die Schultern. Im Kreis auf dem Boden liegen Luftballons. Diese müssen nun, einer nach dem anderen, ohne zu Hilfenahme der Hände nach oben transportiert und hinausgestoßen werden. *Variation:* zwei oder drei Gruppen spielen gegeneinander.
- **Ball-Trampolin:** Jeweils zwei Kinder halten ein Tuch zwischen sich gespannt – wie ein Trampolintuch. Auf dem „Trampolintuch" können Bälle

oder andere Materialien hochgeworfen und wieder aufgefangen werden. *Variation:* verschiedene Materialien; gruppenweise; mehrere Gruppen spielen zusammen.
- **Luftballon-Pantomime:** Pantomimische Darstellung. Die Kinder stellen sich vor, sie wären ein „Luftballon": zuerst ist der Luftballon ganz platt (in die Hocke gehen), dann wird er langsam aufgeblasen (Körper langsam aufrichten), bis er immer größer wird (auf die Zehenspitzen gehen). Wir lassen ihn fliegen (durch den Raum rennen), bis er plötzlich platzt – peng! (in die Hocke gehen oder auf den Boden setzen).
- **Statuen zerstören:** Ein Kind modelliert aus einem anderen Kind eine „Statue". Danach „zerstört" es wieder die Figur, in dem es nacheinander die jeweils höchsten Gelenke antippt und die Figur jeweils dort einknickt.
- **Marionette:** Ein Kind spielt wie im Marionettenspiel mit unsichtbaren Fäden und lenkt somit Körperteile seiner „Marionette".
- **Händeklatschen und Drehen:** Zwei Kinder stehen sich gegenüber und klatschen in die Hände. Danach drehen sie sich schnell und klatschen wieder in die Hände. Nun alles mit geschlossenen Augen wiederholen.
- **Ziel treffen:** Die Kinder gehen mit geschlossenen Augen zur Mittellinie und versuchen diese genau zu treffen. *Variation:* Die Kinder versuchen genau zwischen einem Keulentor stehen zu bleiben.
- **Fotograf:** Partnerweise. Ein Kind führt ein anderes Kind durch den Raum. An verschiedenen Stellen im Raum tippt es dem „blinden" Kind leicht auf den Kopf. Dieses öffnet kurz die Augen macht wie ein Fotoapparat ein Bild. Am Ende sucht das Kind alle Orte im Raum auf, an denen es „fotografiert" hat.

5.1.4 Spielformen zur Förderung der taktilen Wahrnehmung (Tasten und Fühlen)

- **Fingerspitzengefühl:** Unter einem Tuch oder in einem Krabbelsack sind verschiedene Gegenstände versteckt, z.B. Legostein, Spielzeugauto, Löffel, Zahnbürste, Schwamm, Stein, Muschel, Rinde, Fell, Tannenzapfen, Feder oder Kastanie. Die Kinder sollen diese durch Tasten erspüren und benennen.
- **Aschenputtel:** Jedes Kind bekommt eine Schale. Darin befinden sich jeweils 10 Maiskörner, 10 Reiskörner, 10 Erbsen und 10 Bohnen. Mit verbundenen Augen müssen nun die Maiskörner, die Reiskörner, die Erbsen und Bohnen auseinandersortiert werden. Wer hat nach 60 Sekunden wie viele richtig sortiert?
- **Schatz-Suche:** In einer dunklen Höhle ohne Licht liegen wertvolle „Edelsteine" (Murmeln oder Steine). Die Kinder kriechen mit verbundenen Au-

Bewegung in Lern-, Förder- und Entwicklungsbereichen

gen auf allen Vieren durch die Höhle (den Bewegungsraum) und versuchen, durch Tasten so viele Edelsteine wie möglich zu finden.
- **Tast-Schnur:** Durch mehrere Räume wird eine Schnur gespannt. Das erste Kind geht mit geschlossenen Augen an der Schnur entlang. An den Stellen, an denen dicke Knoten in der Schnur zu spüren sind, muss es durch Tasten herausfinden, welcher Gegenstand dort auf dem Boden steht. Beim nächsten Kind werden die Gegenstände ausgetauscht.
- **Blindenführer:** Partnerweise. Ein Kind schließt die Augen. Das andere Kind führt den „Blinden" mit Handkontakt durch den Raum. *Variation:* Veränderung der Berührungspunkte, z.B. nur einzelne Finger.
- **Doppeltes Denkmal:** Immer zwei Kinder bilden ein Paar. Einem Kind werden die Augen verbunden, während das andere Kind sich als Denkmal in irgendeiner ausgedachten Pose hinstellt, hinlegt oder hinkniet. Das „blinde" Kind versucht nun durch Abtasten des mitspielenden Partnerkindes sich ebenfalls in dieselbe Position zu begeben. *Variation:* zu zweit oder alleine ein anderes Kind modellieren.
- **Barfußpark:** Es wird ein Barfußpark aus verschiedenen Materialien hergestellt. Mit verbundenen Augen und barfüßig, also ohne Socken und Schu-

Sinneswahrnehmung im Barfußpark

he, darf jedes Kind durch das ausgelegte Spalier laufen. Am Ende des Spaliers nennt jedes Kind die Materialien, die es gespürt hat, z.B. Zeitung, Styropor, Pappe, Filz, Holz, Gras, Stroh, Eierkartons, Tannenzweige, Laub, Moos, Kastanien, Kieselsteine, Sand, Sägemehl, lehmige Erde oder weicher Waldboden.

- **Müder Bello:** Alle Kinder liegen als „Bello" auf dem Bauch im Kreis. Ein Kind geht außen herum und legt ein Reissäckchen einem Bello ganz vorsichtig auf den Rücken. Welcher Bello merkt es?
- **Druckpunkte:** Ein Kind drückt seine Finger auf den Rücken eines anderen Kindes. Wie viele Finger sind es?

5.1.5 Spielformen zur Förderung der auditiven Wahrnehmung (Hören)

- **Geräuschkiste:** In einem Karton liegen Filmdosen, die mit unterschiedlichen Materialien gefüllt sind. Die Kinder versuchen die Dosen zu sortieren und zwar nach „laut – lauter – am lautesten" oder „leise – leiser – am leisesten" oder „angenehm – angenehmer – am angenehmsten".
- **Geräusche Feuer-Wasser-Erde:** Drei verschiedene Geräuschdosen werden vorgestellt. Die Kinder versuchen herauszufinden, womit die Dosen gefüllt sind (z.B. Nägel, Reis, Tischtennisbälle). Danach wird jedem Geräusch eine Aufgabe zugeordnet, z.B. Geräuschdose 1 (alle Kinder laufen in eine zuvor bestimmte Hallenecke), Geräuschdose 2 (alle Kinder steigen auf die Bänke) und Geräuschdose 3 (alle Kinder legen sich auf den Boden).
- **Geräusch-Versteck:** Ein Kind versteckt sich im Raum oder Außengelände und macht leise und laute Geräusche (z.B. mit einer Rasseldose oder einem Tamburin). Alle Kinder suchen das versteckte Kind nach Gehör.
- **Geräusche folgen:** Partnerweise. Kinder verabreden ein Geräusch (z.B. Klatschen). Ein Kind schließt die Augen. Das andere Kind klatscht nun in die Hände. Das Kind mit den geschlossenen Augen folgt dem Geräusch. *Variation:* um und über Hindernisse führen.
- **Geräuscheplumpsack:** Alle Kinder sitzen im Kreis mit geschlossenen Augen. Ein Kind läuft außen herum und legt hinter einem Kind einen Gegenstand mit einem leisen Geräusch (z.B. Schlüsselbund) ab. Dieses Kind versucht schnell aufzustehen und das andere Kind zu jagen. *Variation:* Kinder, die bereits gelaufen sind, dürfen die Augen offen halten und mit zuschauen.
- **Zurufen:** Ein Kind ruft den Namen seines Partnerkindes, das an der anderen Hallenseite steht und versucht mit geschlossenen Augen zum Rufenden zu gelangen. *Variation:* Alle Rufenden tauschen vorher ihre Plätze.

- **Das klingende Tor:** Zwei Kinder bilden das „klingende Tor", indem sie sich in einem Meter Abstand zueinander gegenüber stehen und mit unterschiedlichen Klanginstrumenten (oder mit Zeitungsrascheln, Schnippen, Pfeifen) die zwei Rahmen der Tür akustisch darstellen. Ein Kind mit geschlossenen Augen wird erst im Kreis gedreht und muss dann versuchen, auf das akustische Tor zu und durch dieses hindurch zu gehen.
- **Schmittchen Schleicher:** Es werden fünf Sitzgelegenheiten (Kästen, Kissen, Teppichfliesen oder Sitzbälle) nebeneinander aufgestellt. Auf dem mittleren Platz sitzt ein Kind mit verbundenen Augen. Ein Kind nach dem anderen versucht sich anzuschleichen und sich auf einen der freien Plätze zu setzen. Hört das aufpassende Kind ein Geräusch, weist es mit einem Finger in diese Richtung und das ertappte Kind muss sich an der Stelle auf den Boden setzen. Spielschluss ist, wenn entweder alle Sitzgelegenheiten besetzt sind oder alle Kinder auf dem Boden sitzen. *Variation:* mehr Sitzgelegenheiten; mehrere Gruppen.

5.1.6 Spielformen zur Förderung der visuellen Wahrnehmung (Sehen)

- **Farbbänder-Lauf:** Im Raum oder Garten werden verschiedenfarbige Bänder an unterschiedlichen Gegenständen oder Wänden festgemacht. Die verschiedenen Bänderfarben werden nacheinander ausgerufen. Die entsprechenden Farbbänder werden von den Kindern angelaufen und berührt. *Variation:* partner- und gruppenweise; verschiedene Fortbewegungsarten; variierte Aufgabenstellungen wie von Rot nach Blau nach Gelb hüpfen.
- **Fischer, Fischer, welche Fahne weht heute?** Ein Kind steht als Fischer auf der einen Hallenseite. Die anderen Kinder rufen von der anderen Seite: Fischer, Fischer, welche Fahne weht heute? Der Fischer ruft z.B. „Blau". Jetzt versuchen alle Kinder auf die andere Seite zu laufen, ohne vom Fischer berührt zu werden. Die Kinder mit einem blauen Kleidungsstück dürfen nicht vom Fischer gefangen werden. Gefangene Kinder werden auch zu Fischern.
- **Ampelspiel:** Alle Kinder bewegen sich laufend als Autos durch den Raum. Sie müssen dabei die Ampel beachten. Ein Kind hält abwechselnd verschiedenfarbige Tücher hoch. Jedes Tuch hat eine andere Bedeutung: rotes Tuch (Stopp!), grünes Tuch (freie Fahrt!) und gelbes Tuch (Achtung, langsam fahren!).
- **Kreis, Viereck und Dreieck:** Die Kinder laufen zur Musik durch die Halle. Bei Musik-Stopp wird eine der drei Formen (Kreis, Viereck, Dreieck) aus Pappe hochgehalten. Alle laufen zu dem entsprechend zuzuord-

nenden Gegenstand, z.B. Viereck (kleiner Kasten), Kreis (Reifen), Dreieck (mit dem Seil ein Dreieck legen).

5.1.7 Spielformen zur Förderung der gustatorischen Wahrnehmung (Schmecken)

Anmerkung: Die nachfolgenden Geschmacks- und Duftprobenspiele können auch als Bewegungsspiel durchgeführt werden. Veranstalten Sie dazu z.B. einen Orientierungslauf durch den Kindergarten mit vorbereiteten Stationen, die auf einer vorgezeichneten „Schatzkarte" durch Kartenlesen von den Kindern gefunden, angelaufen und ausprobiert werden müssen.

- **Feinschmecker:** Die Kinder sollen zunächst einmal durch Betasten und mit Hilfe eines Spiegels ihren Mund erkunden. Ist die Zunge rau oder glatt? Um den Geschmack zu erkennen und zu benennen wird den Kindern nacheinander einen Tropfen Zitronensaft, Salz und Zucker auf die Zunge gegeben. Kennt ihr den Geschmack? Schmeckt es gut oder eklig, sauer, salzig oder süß? *Variation:* Obst und Gemüse in etwa gleich große Stücke schneiden und versuchen, den Geschmack zu beschreiben und blind zu erraten; mit geschlossenen Augen Lieblingsgeschmack heraussuchen lassen. *Tipp:* Vielleicht stellen Sie das nächste Kindergartenfest unter ein kulinarisches Motto, wie z.B. „Süßes und Saures aus aller Welt", „mediterrane Speisen" oder „türkische oder asiatische Spezialitäten".
- **Bunte Jogurt-Löffelproben:** Die Kinder sollen den Geschmack verschiedener Jogurtsorten erraten und vorbereitete Kärtchen mit den entsprechenden Fruchtabbildungen zuordnen.
- **Obst- und Gemüsesäfte:** Die Kinder probieren verschiedene Säfte und ordnen diesen das entsprechend vorbereitete frische Obst zu.

5.1.8 Spielformen zur Förderung der olfaktorischen Wahrnehmung (Riechen)

- **Die Nasenartisten:** Jedes Kind hat drei geruchsintensive Dinge von zu Hause mitzubringen, z.B. Obst, Gewürze, Marmelade, Parfüm, Seife, Blumen oder Kaffee. Von allen mitgebrachten Dingen werden Proben entnommen. Die vorbereiteten Proben werden auf Tischen ausgelegt. Mit verbundenen Augen sollen die Kinder erraten, was es hier zu riechen gibt. Versucht die Gerüche zu gruppieren: Riecht ihr Süßes, Blumiges oder stinkt es gar? Besprecht eure Eindrücke mit den anderen Kindern am Tisch.
- **Schnüffelbar:** Es werden Gefäße mit verschiedenen Düften (Duftöle, Gewürze, Shampoo) gefüllt. Die Kinder probieren ihren „Lieblingsgeruch" zu entdecken. *Variation:* Gerüche benennen.

Bewegung in Lern-, Förder- und Entwicklungsbereichen

- **Duftsäckchen:** Je drei verschiedene Teller mit Duftmaterialien stehen auf einem Tablett. Drei mit den gleichen Dingen gefüllte Stoffsäckchen sollen zugeordnet werden. Es gibt: Zitrone, Orange, Lavendel, Rosmarin, Lorbeer, Nelken, Kaffee, Tanne, Gummibärchen, Parfüm, Zwiebel, Pfefferminze.

5.2 Bewegungen mit Füßen und Händen

Die Hand ist das äußere Gehirn des Menschen (Emanuel Kant).

Die Füße sind die Verbindung unseres Körpers zum Boden und die Basis für eine gute Körperhaltung. Eine gute Beweglichkeit der Füße und genügend Kraft in Fuß- und Beinmuskulatur sind Grundlage jeglicher Fortbewegungsarten. In einem durchschnittlichen Menschenleben haben die Füße etwa zehn Millionen Mal Kontakt zum Boden. Leider haben wir zu unseren Füßen in der Regel kein besonderes Verhältnis. Sie werden schon frühzeitig in „schlecht durchlüftete Gefängnisse aus Leder und Gummi eingesperrt" (Milz 1992) und haben durch die Empfindlichkeit der vielen Schweißdrüsen die Eigenschaft, häufig nicht sehr angenehm zu riechen. Dabei erfüllen die Füße eine wichtige Aufgabe. Sie müssen nicht nur permanent die gesamte Körperlast tragen, sondern dienen beim Gehen auch als Stoßdämpfer, als Stütze und als Antriebsorgan. Mit seinen Füßen und Händen erschließt sich das Kind die vielfältigen Dimensionen von Welt. In der Entwicklung hand- und fußmotorischer Fertigkeiten (Ergreifen, Festhalten, Spüren, Manipulieren, Gestaltung von Gegenständen) erleben und deuten sie ihre Umwelt. Insbesondere für Kinder mit körperlichen Beeinträchtigungen ist es von großer Wichtigkeit, durch den Einsatz ihrer Hände und Füße Ursache und Wirkung zu erfahren. Dies geschieht, wenn sie etwa durch Berührung Dinge in Bewegung setzen oder bei Betätigung einer Tastschalters etwas mitteilen.

Anmerkung: Im Umgang mit verschiedenen Spiel- und Sportgeräten bedarf es ausreichend trainierter Fuß- und Handgeschicklichkeit. Trotzdem kommen neben den vielen Fingerspielen und Handgeschichten für Kinder die Füße oftmals zu kurz. Dabei kann gerade im Sommer vieles barfüßig unternommen werden.

5.2.1 Füße – Übungen und Spielformen gegen Haltungs- und Fußschwächen

- **Fußbeobachtung:** Die Kinder beobachten ihre Füße. Aus welchen Teilen besteht der Fuß? (Sohle, Mittelfuß, Zehen, Fersen, Fußgewölbe, Gelenke). Was fällt euch an euren Füßen auf? Ziel: Kennen lernen des Fußes.
- **Danksagung:** Die Kinder bedanken sich bei ihren Füßen, klopfen sie ab, reiben und massieren die Füße. Ziel: Bewusstsein wecken.

- **Füße vergleichen:** Die Kinder bekommen die Aufgabe ihre Füße zu vergleichen (große, kleine, schmale, breite, dicke, dünne, gerade und krumme Füße). Ziel: Kennen lernen des Fußes.
- **Was können die Füße?** Die Kinder lernen die Funktionen kennen, z.B. Zehen einkrallen, abspreizen, hochbiegen, Füße heben und senken, Fußgelenke drehen, Fußsohlen aufeinander legen, klatschen und aneinander reiben. Ziel: Kennen lernen des Fußes, Fußgymnastik.
- **Wie sehen die Füße aus?** Ein Fuß wird auf ein Zeitungsblatt gestellt und mit einem Filzstift nachgezeichnet. Das Bild wird mit entsprechenden Vorlagen (Normalfuß, Plattfuß, Knickfuß, Senkfuß, Spreizfuß) verglichen. *Variation:* Nassabdruck des Fußes in Gips, Sand oder Matsch anfertigen. Ziel: Kennen lernen der Fußform und des Fußumrisses.
- **Fußparcours:** Die Kinder gehen auf unterschiedlichen Unterlagen wie Igelbälle, Tennisbällen, Zeitungspapier, Schaumgummi, Eierpaletten, Steine, Fußabtretern, Teppichfliesen, Korken oder Kastanien. Ein Kind mit geschlossenen Augen wird von einem anderen Kind sicher über den Parcours geführt. Ziel: Wahrnehmungsförderung.
- **Greifen:** Die Kinder versuchen verschiedene Gegenstände vom Boden mit den Zehen zu greifen, z.B. Seile, Zeitungspapier, Chiffontücher, Steine, Murmeln, Jogurtbecher, Korken. Ziel: Fußgymnastik.

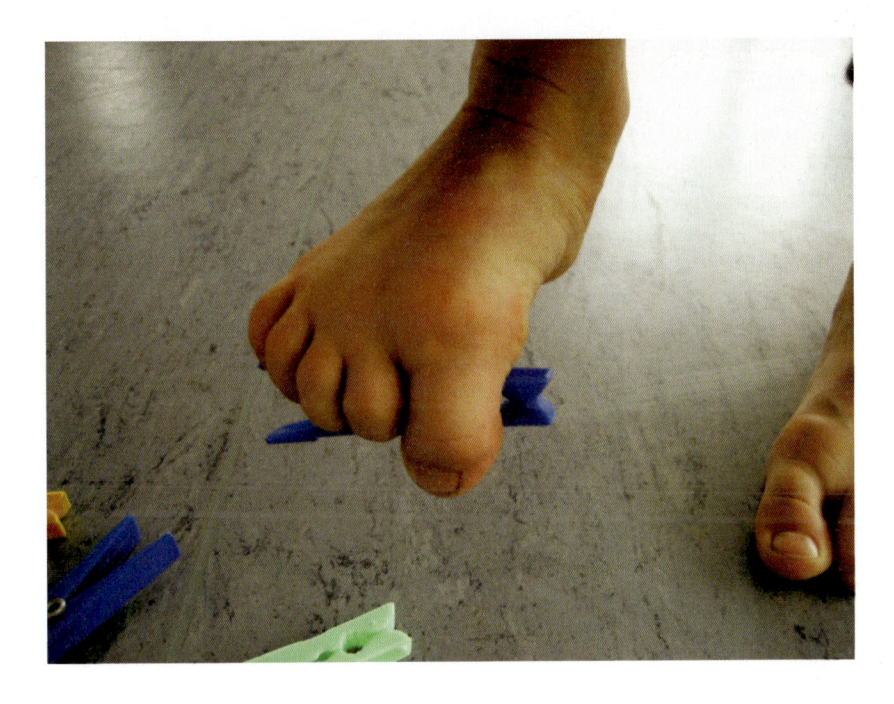

Bewegung in Lern-, Förder- und Entwicklungsbereichen

- **Zuwinken:** Die Kinder greifen mit ihren Füßen Chiffontücher und winken sich gegenseitig zu. Ziel: Fußgymnastik.
- **Regenwurmziehen:** Aus einem großen Seilgewirr sollen die Kinder mit ihren Zehen und Füßen Seile herausziehen. Wer hat die meisten „Regenwürmer" gesammelt? Ziel: Fußgymnastik, Geschicklichkeit fördern, Spaß haben.
- **Seilschnecke:** Jedes Kind legt ein Seil gestreckt auf den Boden und stellt sich mit beiden Füßen auf das Seilende. Drehe dich wie ein Kreisel. Versuche, beide Füße auf dem Seil zu halten und rolle es zu einer Seilschnecke auf.
- **Muster legen:** Die Kinder legen mit unterschiedlichen Gegenständen (Seile, Tücher, Zeitungsschnipsel) Symbole, Muster, Bilder oder Buchstaben nach. Ziel: Fußgymnastik.
- **Zeitung falten:** Die Kinder falten eine Zeitung so klein wie möglich zusammen und entfalten sie wieder. *Variation:* Chiffontuch zusammenlegen und glatt bügeln; einzelne Zeitungsblätter in Streifen reißen. Ziel: Fußgymnastik.

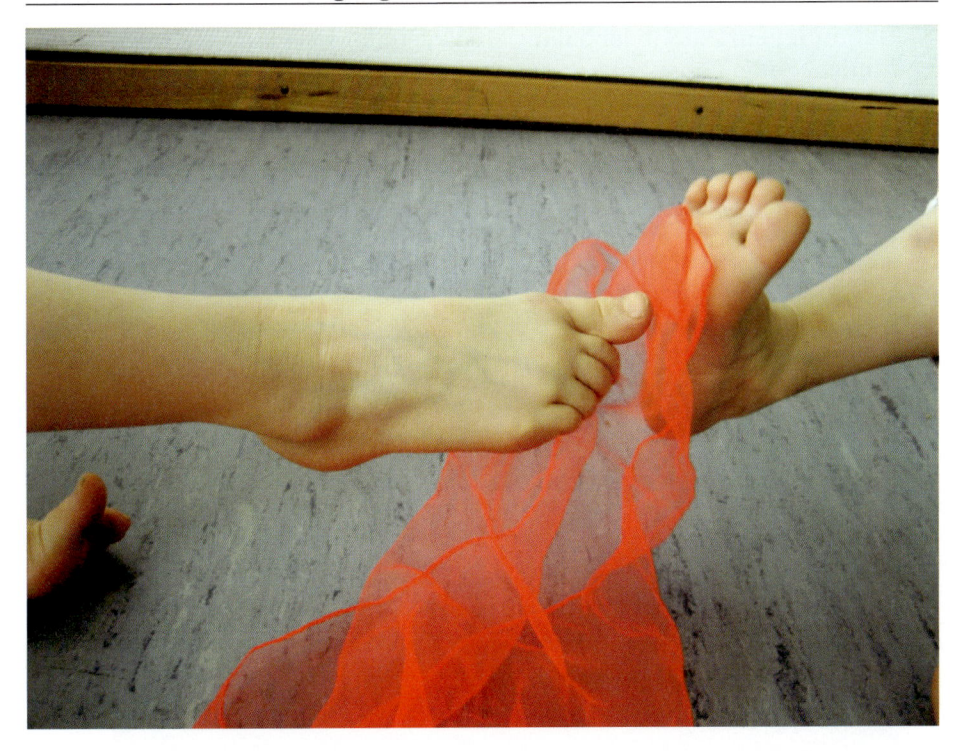

Bewegung in Lern-, Förder- und Entwicklungsbereichen

- **Gegenstände weitergeben:** Die Kinder sitzen im Kreis und geben Gegenstände mit den Füßen dem Nachbarn weiter. Ziel: Fußgymnastik.
- **Zielwerfen:** Die Kinder greifen Gegenstände (Zeitungsknäuel, Bohnensäckchen, Korken, Murmeln) mit den Zehen auf und werfen diese auf Ziele (Reifen, Keulen, Körbe). Ziel: Fußgymnastik, Spaß.
- **Würfeln und Zahlen legen:** Mit den Füßen werfen die Kinder einen Schaumstoffwürfel, auf dem die Zahlen 1-6 stehen. Die gewürfelte Zahl mit einem Seil auf dem Boden nachlegen. Ziel: Fußgymnastik.
- **Becherpyramide:** Mit den Füßen sollen die Kinder Jogurtbecher ineinander stapeln und dabei eine Becherpyramide bauen. Ziel: Fußgymnastik.
- **Gegenstände transportierten:** Mehrere Kinder transportieren mit ihren Füßen gemeinsam einen Gegenstand über eine bestimmte Strecke oder Hindernisparcours. Ziel: Fußgymnastik, Spaß.

Bewegung in Lern-, Förder- und Entwicklungsbereichen

- **Balancieren:** Die Kinder balancieren auf unterschiedlichen Gegenständen (Linien, Seile, Langbänke vorwärts, rückwärts, seitwärts). Die Aufgabenstellung wird erschwert, sobald die Augen geschlossen sind oder die Auflageflächen verändert werden. Ziel: Wahrnehmungs-, Gleichgewichtsförderung.

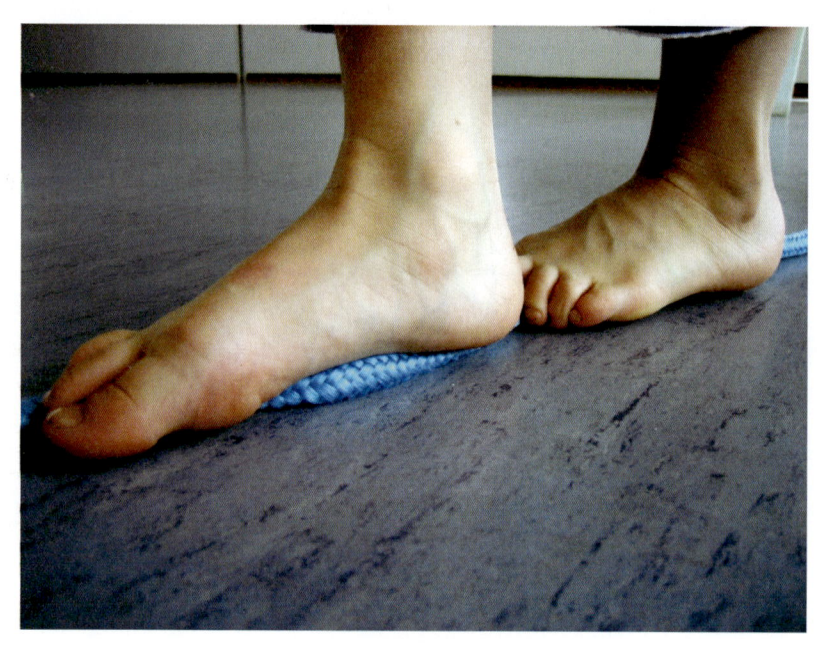

- **Auf und ab:** Die Kinder gehen abwechselnd im Zehenspitzen- und Fersengang durch den Raum. *Variation:* vorwärts, rückwärts, seitwärts gehen. Ziel: Kräftigung der Fuß- und Beinmuskulatur, Haltungsschulung.
- **Sprungkünstler:** Die Kinder springen und hüpfen über die am Boden liegenden Seile. *Variation:* die Seile wie einen Graben immer weiter auseinanderlegen und darüber springen. Ziel: Kräftigung der Fuß- und Beinmuskulatur.
- **Tauziehen mit den Füßen:** Zwei Kinder fassen mit den Zehen ein Seilende und versuchen das Seil zu sich zu ziehen, indem sie das Seil mit den Füßen greifen, herziehen, loslassen, wieder greifen und erneut herziehen. Ziel: Fußgymnastik, Spaß.
- **Ökospiel mit Füßen:** Welche Mannschaft schafft es, die meisten Gegenstände (z.B. Korken, Zeitungsschnipsel) mit den Füßen einzusammeln und zu einem markierten Ziel zu bringen. Ziel: Fußgymnastik.

Bewegung in Lern-, Förder- und Entwicklungsbereichen

Bewegung in Lern-, Förder- und Entwicklungsbereichen

- **Fußmalerei:** Wer schafft es, mit den Füßen ein Haus, eine Sonne oder ein Männchen zu malen? Dazu klemmen sich die Kinder einen dünnen Filzstift zwischen die Zehen. Ziel: Fußgymnastik, Spaß, Geschicklichkeit fördern.
- **Fußmassage einmal anders:** Das hintere Kind massiert mit den Füßen den Rücken des vor ihm sitzenden Kindes durch Streichen, Drücken, Kneten oder Drehen. Ziel: Fußgymnastik, Wahrnehmungsförderung.

5.2.2 Hände – Übungen und Spielformen zur Handgeschicklichkeit und Handmotorik

- **Handbeobachtung:** Was lässt sich mit den Händen und Fingern alles anstellen? Aus welchen Fingern besteht eine Hand? Finger benennen lassen.
- **Händevergleich:** Vergleicht eure Hände und Finger mit denen der anderen Kinder. Was fällt euch auf? (dicke – dünne, lange – kurze Finger; großer Handteller – kleiner Handteller).
- **Handabdruck:** Eine Hand wird auf ein Papier gelegt und mit einem Filzstift nachgezeichnet. Die eigenen Hände-Bilder werden mit denen der anderen Kinder verglichen. *Variation:* Nassabdruck der Hände in Gips, Sand oder Matsch anfertigen.

Bewegung in Lern-, Förder- und Entwicklungsbereichen

- **Handgeschicklichkeit:** Spiele mit Wäscheklammern, Grillzangen und Pinzetten, Knöpfe, Münzen, Malspiele, Schneiden, Perlen auffädeln, Knoten zählen oder mit Minibackformen Figuren im Sand ausstechen lassen.
- **Fingergymnastik mit Seilen und Fäden:** Die Kinder legen mit Seilen einfache vorgezeichnete Formen, Muster und Buchstaben nach. *Variation:* Fädelbrettchen; Seile zusammenknoten und wieder entknoten.
- **Fingergymnastik mit Zeitungen oder Papier:** Zum freien Experimentieren und Förderung der Hand- und Fingergeschicklichkeit eignet sich Zeitungspapier ideal. So können die Kinder Zeitungsblätter zerknüllen (Zielwürfe, Schneeballschlacht), Zeitungsstreifen reißen, Zeitungsblätter falten (Papierflieger basteln), Zeitungsblätter aufrollen und damit ein Fernrohr oder Megafon basteln, aus Papierschnipseln ein Papiermosaik herstellen oder aus Zeitungen Fantasiekleider schneidern mit anschließender Modenschau.
- **Knopfspiele:** Der Einsatz von Knöpfen eignet sich sehr gut um die Feinmotorik und Geschicklichkeit der Hände zu fördern, wie z.B. Knöpfe schnipsen (Zielschnipsen), Knöpfe hüpfen („Frösche hüpfen"), Knöpfe werfen (Annäherungsspiele, Zielspiele, auch mit geschlossenen Augen). *Variation:* Knöpfe in Kombination mit anderen Geräten einsetzen, z.B. mit Schnur oder Faden (Knöpfe auffädeln lassen, „Seilbahn spielen"); mit Becher (Knöpfe werfen und auffangen, alleine, zu zweit, auch blind).
- **Knopfmemory:** Immer zwei identische Knopfpaare müssen von den Kindern unter den Eierbecher-Hütchen gefunden werden. Wer hat zum Schluss die meisten Knopfpaare gefunden?
- **Knopf-Entspannung:** Partnerweise. Auf die Hände der Kinder werden gegenseitig Knöpfe gelegt, ohne dass die Knöpfe herunterfallen.
- **Balancieren:** Eine Streichholzschachtel (Streichhölzer) wird auf den Fingern, auf der Handinnenfläche und dem Handrücken balanciert.
- **Bodenreinigung mit Wäscheklammern:** In der Hallenmitte liegen auf dem Hallenboden verteilt viele verschiedenfarbige Farbschnipsel wild durcheinander. Jedes Kind hält in jeder Hand eine Wäscheklammer. Die Farbschnipsel sollen mit der Wäscheklammer vom Boden aufgesammelt und zu den in den Hallenecken befindlichen farblich richtigen Farbeimern transportiert und hineingeworfen werden.
- **Wäscheleine:** Bunte Wäscheklammern liegen durcheinander auf dem Boden. Jedes Kind hebt pro Hand eine Wäscheklammer vom Boden auf und rennt zur aufgespannten Wäscheleine am anderen Ende des Bewegungsraumes. Die Wäscheleine ist abschnittsweise mit verschieden farbigen Fähnchen gekennzeichnet. Die Kinder sollen so schnell wie möglich alle Wäscheklammern farblich sortiert an die richtige Stelle der Wäscheleine hän-

gen, bis keine Wäscheklammern mehr auf dem Boden liegen. Vorteil: alle Kinder sind gleichzeitig in Bewegung, jeder seinem Tempo angepasst.
- **Stift-Rennen:** Fingerspiel zu zweit. Auf einem Blatt Papier wird eine lange, etwa 4-8 Zentimeter breite kurvenreiche Strecke gezeichnet. Start und Ziel sind festgelegt. Zwei Daumen oder andere Finger starten gleichzeitig und lassen den Stift über die Rennstrecke flitzen. Welcher Stift von der Strecke abkommt, scheidet aus. Welcher Daumen ist zuerst am Ziel?

5.2.3 Fingerspiele und Sprechreime

- **Wenn Finger Langeweile haben:** Es treffen sich zwei Finger mitten auf dem Tisch. Die beiden Finger langweilen sich miteinander. Die Kinder machen Vorschläge, was die beiden Finger jetzt auf dem Tisch machen könnten, z.B. im Kreis rennen, hochspringen, rückwärts laufen, weglaufen, verfolgen und Haken schlagen oder ganz langsam gehen.
- **Fingergymnastik:** Sprechreim in Kreisaufstellung. Meine Hand hat viele Finger, lauter lustig kleine Dinger: Daumen heißt der dicke Mann, Zeigefinger folgt ihm dann. Mittelfinger ist recht groß, dieser trägt ein Ringlein bloß. Und der Kleinste kommt zuletzt. Zählen wir die Finger jetzt: Eins – zwei – drei – Ringfinger vier – Fünf ist dieser Kleine hier. Darum hat die Hand fünf Finger, lauter lustig kleine Dinger.
- **Plötzlich ist der Finger weg:** Sprechreim in Kreisaufstellung, Hände liegen auf den Oberschenkeln. Der Sprechreim beginnt, dabei wird im Takt abwechselnd in die Hände und auf die Oberschenkel geklatscht: Eins, zwei, drei, vier, fünf, sechs, sieben, Hände bleiben alle liegen, Finger rühr'n sich nicht vom Fleck, doch plötzlich ist ein Finger weg. Frage: Welcher eurer Finger ist verschwunden? Von den Kindern ihren verschwundenen Finger benennen lassen.
- **Das Waldhaus:** Sprechreim in Kreisaufstellung. Im Walde steht ein Haus (mit den Händen ein Spitzdach bilden), guckt ein Reh zum Fenster raus (mit den Händen „Brillen" vor den Augen formen), kommt ein Häslein angerannt (mit den Fingern über Arm oder Bein laufen), klopft an die Wand (anklopfen): Hilf, ach hilf, ach hilf mir doch (die Arme voller Schrekken nach oben strecken), sonst schießt mich der Jäger tot! (so tun, als würde man ein Gewehr anlegen). Liebes Häslein, komm herein (das Häschen mit dem Zeigefinger anlocken), reich mir deine Hand (die Hand geben).
- **Mein Finger, der ist sportlich:** Fingerspiel als Sprechreim in Kreisaufstellung. Mein Finger, der ist sportlich, er sieht ganz kräftig aus, er streckt sich gern nach vorne, dann wieder hoch hinaus. Und liegt er mal am Boden, dann ist er gar nicht schlapp, er macht fünf Liegestütze, so turnt er

auf und ab. Sein Nachbar ist gemütlich, er macht sich nicht gern krumm, schaut lieber mal zur Seite und dann im Kreis herum. Der Dritte trägt gern Ringe, geht alles langsam an, bleibt eingerollt am Morgen, weiß nicht was er so kann. Der Kleinste ist ganz rege, er zappelt immer sehr, wirft sich gern auf den Boden und wälzt sich hin und her. Der Dickste in der Runde, der kann ganz ruhig stehen, beugt sich noch leicht nach vorne und sagt: „Auf Wiedersehen!"

5.3 Bewegung und Ausdauer

Vogel fliegt, Fisch schwimmt, Mensch läuft (Emil Zatopek).

Für die Ausdauerschulung gilt: Nicht die Strecke „tötet", sondern das Tempo. Kinder im Vorschulschalter sind sehr gut ausdauerbelastbar und können von Seiten des Herzkreislauf- und Atemsystems sowie ihres (aeroben) Energiestoffwechsels auch längere ebene Strecken bei niedriger bis mittlerer Intensität sehr gut bewältigen. Kinder sollten zumindest ihr Alter in Minuten laufen können, d.h. im Kindergarten ca. 200-600 Meter. Zur Regulierung der Intensität dient in erster Linie die Laufgeschwindigkeit, da die Herzfrequenz als Steuerungsvariable aufgrund des steilen Anstiegs und des hohen Plateaus (über 200 Schläge / Minute) dafür wenig geeignet ist. Vorschulkinder können auch kurze Strecken schnell laufen (Grundschnelligkeit), für längere schnelle Strecken fehlt ihnen die körperliche Voraussetzung. Man sollte auch daran denken, dass bei Kindern die Schweißrate im Vergleich zum Erwachsenen um das 2,5fache reduziert ist („weniger Schwitzen") und die Wärmeabgabe mittels vermehrter Hautdurchblutung („roter Kopf") gesteigert wird. Kinder haben eine geringere Hitzetoleranz und sollten deshalb viel trinken (Klimt 1992, Weineck 1994, Martin et al.1999).

Tipp: Während den Laufspielen regelmäßige kleine Trinkpausen für die Kinder einlegen. Es empfiehlt sich, darauf zu achten, dass die Kinder bei allen Bewegungsstunden immer ihre Trinkflasche dabei haben.

5.3.1 Laufspiele und Laufformen – alleine

- **Tempolauf:** Die Kinder gehen und laufen in verschiedenem Tempo (Rennen – Zeitlupentempo), z.B. durch die Wohnung schleichen („niemand darf uns hören"); gehen, als ob man es ganz eilig hat (wie schnell kann man gehen, ohne zu laufen?); versuchen, im Gehen „rohe Eier" zu transportieren, die nicht herunterfallen dürfen; mit geschlossenen Augen gehen (wie verändert sich das Gehen?); verschiedene Formen des Gehens ausprobieren: latschen, stampfen, schlurfen, torkeln, schleichen, marschieren usw.

(Ideen der Kinder einbeziehen) und darauf achten, wie man sich bei den verschiedenen Gangarten fühlt; sich wie Urwaldtiere bewegen (welche Urwaldtiere kennt ihr und wie bewegen sich diese?).

- **Begrüßungslauf:** Die Kinder mit verschiedenen Formen begrüßen, z.B. mit Handschlag, mit Handklatsch, mit Verbeugen (japanisch), mit Einhaken und im Kreis Drehen, mit Strecksprung und Zusammenklatschen der Hände.
- **Rhythmuslauf:** Beim Laufen im Rhythmus die Finger schnippen, in die Hände klatschen oder auf den Boden trampeln. Bei Pfiff eine ganze Drehung ausführen, danach wieder locker weiterlaufen.
- **Versteinern:** Ein Zauberer versteinert bei einem Signal alle Kinder, die sofort wie „eingefroren" stehen bleiben.
- **Los-Stopp:** Die Kinder bestimmen selbst den Zeitpunkt des Stopps und des Weiterlaufens.
- **Zahlenspiel:** Bei der Zahl 1 laufen alle Kinder in die Ecken des Raumes. Bei der Zahl 2 dürfen sich alle Kinder ausruhen und auf den Rücken legen (über die Seite aufstehen). Bei der Zahl 3 springen die Kinder weit nach oben. *Variation:* entsprechende farbige Chiffontücher bestimmen die Aufgaben.
- **Düsenjäger:** Die Kinder imitieren verschiedene Flugzeuge (Jet, Ballon, Jumbo, Propellerflugzeuge), die sie sich ausdenken und für die sie selbst eine Bewegung finden.
- **Zeitschätzlauf:** Wer schafft es, genau nach 30 Sekunden anzuhalten, ohne auf die Uhr zu schauen?
- **Augen zu:** Die Kinder schließen die Augen und versuchen wahrzunehmen, wie es sich anfühlt, mit geschlossenen Augen zu gehen. Die Kinder gehen mit geschlossenen Augen zu einem Signal (z.B. Klatschen).
- **Autospiel:** Jedes Kind stellt ein Auto dar. Die „Autos" fahren kreuz und quer mit verschiedenem Tempo durcheinander. Wer schafft es, nicht mit einem anderen Auto zusammenzustoßen?
- **Autofahren mit Beifahrer:** Zwei „Autos" fahren nebeneinander und wählen die Geschwindigkeit so, dass sie sich noch unterhalten können.
- **Autospiel mit Gangschaltung:** Wir fahren durch die Stadt auf den Jahrmarkt. Jedes „Auto" hat vier Vorwärtsgänge, einen Rückwärtsgang und Leerlauf: Leerlauf (Gehen auf der Stelle); 1. Gang (vorwärts gehen); 2. Gang (schnell gehen); 3. Gang (laufen); 4. Gang (schnell laufen); Rückwärtsgang (rückwärts gehen).
- **Atomspiel:** Die gezeigte (gerufene) Zahl gibt die Anzahl der Kinder an, die sich schnell zu einer Gruppe formieren. Dann bekommt die Gruppe eine Aufgabe.

Bewegung in Lern-, Förder- und Entwicklungsbereichen

- **Blitz, Regen, Sturm, Sonne:**
Die Kinder laufen durcheinander. Beim Begriff „Blitz" stellen sich alle wie ein Blitzableiter auf die Zehen (Hochzehenstand zum Funktionstest Fuß- und Beinmuskulatur) und strecken die Arme nach oben. Beim Wort „Regen" stehen alle Kinder in einer aufrechten Haltung und strecken für 30 Sekunden ihre Arme nach vorne (Mathiass-Test zur Testung der Rumpfmuskulatur). Beim Begriff „Sturm" gehen alle Kinder tief in die Rutschhalte (Testung Beweglichkeit Brustwirbelsäule), beim Begriff „Sonne" beugen sich alle Kinder mit den Händen nach unten und berühren ihre Zehen (Überprüfung Wirbelsäulenform).

- **Alter laufen:** Die Kinder laufen so viele Minuten lang, wie sie selbst alt sind.
- **Moleküle:** Eine Zahl gibt an, wie viele Atome als Molekül gemeinsam laufen. Die zweite Zahl, die Temperatur, gibt an, wie schnell die Moleküle durch die Umgebung flitzen. Bei niedriger Temperatur (10°C) gehen die Moleküle langsam, bei hoher Temperatur (90°C) flitzen sie schnell umher.
- **Magnet-Boden:** Die Kinder berühren mit einem genannten Körperteil den Boden. *Variation:* Ein genanntes Gelenk wird steif gehalten.
- **Feuer-Wasser-Luft:** Die Kinder bewegen sich durch den Raum. Es werden abwechselnd verschiedene Kommandos gegeben: bei „Feuer" (laufen die Kinder alle zur Tür oder zu einem Fenster), bei „Wasser" (laufen alle in die Raummitte und stellen sich auf die Langbank), bei „Luft" (stellen sie sich auf die Zehenspitzen oder machen einen kleinen Luftsprung), bei „Sandsturm" (kauern sich die Kinder auf den Boden), bei „Eis" (legen sich alle auf den Bauch), bei „Schnee" (rutschen alle auf dem Hosenboden durch die Halle), bei „Blitz" (hocken sich all Kinder unter einen Tisch). Wenn aber „Rot" gerufen wird, muss jedes Kind in seiner momentanen Bewegung erstarren, bis es nach einem neuen Signal „Grün" wieder weitergeht.
- **Flitzen:** In einem kleinen abgesteckten Feld laufen die Kinder so schnell wie möglich durcheinander, ohne sich gegenseitig zu berühren.

5.3.2 Laufspiele und Laufformen mit Partner / in der Gruppe

- **Schattenlaufen:** Ein Kind läuft voraus und macht irgendeine Bewegung vor. Das andere Kind folgt ihm wie ein Schatten und imitiert alle seine Bewegungen.
- **Verfolgen:** Ein Kind geht ständig in eine andere Richtung und verändert dabei auch sein Tempo. Das andere Kind versucht auf dessen Fersen zu bleiben, ihm möglichst nahe zu folgen, ohne es zu berühren.
- **Tunnelbauen:** Zwei Kinder laufen an der Hand und weichen den anderen Paaren aus oder bauen einen „Tunnel".
- **Eisenbahn:** Zwei Kinder stehen hintereinander, der hintere „Waggon" fasst an die Schultern seiner „Lokomotive" und schließt die Augen. Die Züge dürfen nicht aneinander stoßen.

Bewegung in Lern-, Förder- und Entwicklungsbereichen

- **Schieber:** Das hintere Kind legt die Hände an die Schultern des vorderen Kindes und versucht, dieses wegzuschieben.
- **Schubsen:** Beide Kinder laufen nebeneinander. Ein Kind schubst beim Laufen das andere Kind. Dieses versucht, nicht aus dem Gleichgewicht zu kommen.
- **Anrempeln:** Die Kinder verschränken ihre Arme vor der Brust, machen sich ganz steif und rempeln sich gegenseitig an.

- **Drei in einer Reihe:** Drei Kinder laufen in einer Reihe. Das mittlere Kind bestimmt Lauftempo und Laufrichtung.
- **Belgischer Kreisel:** Drei Kinder laufen in einer Reihe. Das vordere Kind lässt sich immer nach hinten fallen und läuft dann am Ende der Reihe.
- **Mitnahmelauf:** Die Kinder bilden an einer Wandseite Gruppen zu 3-5 Kindern. Das erste Kind läuft zur nächsten Wand (einem Mal) und wieder zurück und holt das nächste Kind. Dieser Vorgang wiederholt sich bis alle Kinder laufen. Dann scheidet das erste Kind aus, dann das zweite Kind bis auch das letzte Kind die letzte Runde läuft.
- **Mattenlaufspiel:** 4-6 Matten liegen im Kreis, auf jeder Matte sind 4-6 Kinder. Eine Zahl gibt an, wie viele Matten die Kinder weiter laufen sollen. Ein Begriff gibt an, was sie dort machen sollen, z.B. Boot (rudern), Mauer (Matte hochstellen), Decke (sich darauf legen), Dach (über die Köpfe nehmen).

5.3.3 Fang- und Reaktionsspiele

- **Merkmalsfang:** Ein Kind versucht ein anderes Kind zu fangen, das dann selbst zum Fänger wird. Die anderen Kinder können sich vor der fangenden Person retten, indem sie Begriffe aus bestimmten Wortfamilien nennen wie z.B. Tiere, Pflanzen oder Autos.
- **Kampf dem Virus:** Ist ein Kind abgeschlagen worden, bleibt es stehen, bis zwei andere Kinder es erlösen, in dem sie das Kind mit den Händen einschließen und laut „Kampf dem Virus" rufen.
- **Einser-Zweier-Fang:** Zwei Kinder bilden ein Paar, die Zahl Eins und die Zahl Zwei. Die Kinder laufen durcheinander. Wird die Zahl Eins gerufen, fangen alle Kinder mit der Nummer Eins ihr Partnerkind mit der Nummer Zwei.
- **Katz-Maus-Elefant:** Die Gruppe „Katzen" (große Ohren, Hände an den Kopf) fangen die „Mäuse" (spitze Münder, Hände vor den Mund), die die „Elefanten" (mit Rüssel, Hände verschränken) fangen, die wiederum die Katzen fangen. Welche Gruppe bleibt übrig?
- **Fuchs wie spät?** Die Kinder fragen beim Laufen den „Fuchs" nach der Uhrzeit. Wenn der Fuchs Frühstückszeit, Mittagessen o.ä. nennt, müssen die anderen Kinder flüchten.
- **Kreispositionsfang:** Ein Kind ist die fangende Person (Katze). Es steht außerhalb eines Kreises (Kinder halten sich an den Händen) und versucht,

ein vorher festgelegtes Kind des Kreises (Maus) zu fangen. Der Kreis versucht dies zu verhindern, indem er sich gemeinsam dreht und dadurch die Maus schützt.

- **Verzaubern – Erlösen:** Eine „Zauberin" bzw. ein „Zauberer" versucht die Kinder durch Abschlagen in „Steine" zu verwandeln. Alle anderen Kinder können als „Fee" die Steine erlösen, in dem sie von einer Matte einen Zauberstab holen und damit den Stein berühren (2 Matten mit je 3 Stäben). Eine Fee kann nicht verzaubert werden.
- **Der Speck ist weg:** Die müden „Bauernleute" schlafen während des Essens ein und schnarchen. Es ist die Zeit, wo die „Mäuschen" sich heranschleichen und sich über den Speck hermachen. Wacht eine Bäuerin oder ein Bauer erschreckt auf, ruft diese Person „der Speck ist weg" und die Mäuschen versuchen vor ihr zu flüchten.
- **Meeresungeheuer:** Die „Seepferchen" schwimmen durch das Meer, bei ruhiger See langsam, bei Sturm schnell und bei Wellengang hüpfend. Bei Ebbe kommt ein „Meeresungeheuer" aus seinem Versteck und versucht die Seepferdchen zu fangen und in ein Ungeheuer zu verwandeln. Bei Flut müssen alle Ungeheuer sofort wieder in ihr Versteck.
- **Fuchs und Igel:** Der „Igel" hat Wäscheklammern als Stacheln und der „Fuchs" versucht ihm diese zu rauben. Hat er eine Wäscheklammer erwischt, steckt er sie an sein Schwänzchen (Seil). Sind alle Klammern geraubt, werden die Rollen gewechselt.
- **Schwarz – Weiß:** Zwei Kinder „Schwarz" und „Weiß" stehen sich gegenüber und fangen jeweils das andere Kind, wenn der eigene Begriff genannt wird. *Variation 1:* Jungen- und Mädchennamen. *Variation 2:* Schere, Stein, Papier. *Variation 3:* Großmutter, Jäger, Wolf. Der Begriff wird jeweils von den Personen gespielt. Es kann auch innerhalb der Gruppe ausgemacht werden, was gespielt werden möchte.
- **Schlange im Gras:** Alle Kinder befinden sich in einem abgesteckten Bereich und berühren mit einem Finger eine regungslos am Boden liegende „Schlange". Ruft dieses Kind „Schlange im Gras", versucht es kriechend die auf allen vieren flüchtenden Kinder zu fangen und sich selbst in eine Schlange zu verwandeln.
- **Hans dreh dich um:** Alle Kinder versuchen sich dem Kind, das „Hans" spielt, zu nähern, solange es umgedreht ist. Ruft Hans laut „Hans dreh dich um" und sich dabei schnell zu den Kindern umdreht, müssen diese stillstehen. Bewegt sich noch ein Kind, muss es zum Ausgangspunkt zurück.

Bewegung in Lern-, Förder- und Entwicklungsbereichen

5.4 Bewegung und Gymnastik

Lesen ist für den Geist, was Gymnastik für den Körper ist (Joseph Addison).

5.4.1 Gymnastik mit Tierbildern zur Kräftigung und Mobilisation

Kinder im Kleinkind- und Vorschulalter entwickeln in der Bewältigung ihres Alltags durch Bewegungen wie Aufsetzen, Aufrichten, Hochziehen, Gleichgewicht halten, Robben, Kriechen, Klettern, Hangeln und Stützen gleichsam von selbst sowohl ihre koordinativen Fähigkeiten wie auch ihre Kraftfähigkeiten. Schon Säuglinge und Kleinkinder sind z.B. beim Öffnen von Verschlüssen oder beim Greifen zu hohen Kraftleistungen fähig. Diese Fähigkeiten entwickeln sich immer in der Wechselwirkung zwischen Entwicklung und Beanspruchung. Krafttraining im eigentlichen Sinne ist aber aufgrund der reduzierten Belastbarkeit des sich im Wachstum befindlichen passiven Bewegungsapparates nicht angeraten. Stattdessen sind kindgerechte Übungen in spielerischer Form zu wählen.

Die nachfolgenden gymnastischen Übungsformen lassen sich leicht in Bewegungsgeschichten einbauen, oder als Würfel- und Laufspiel durchführen.

- **Giraffe:** Stelle dich auf die Zehen und versuche dich so groß zu machen wie es geht. Ziel: Koordination, Haltungsschulung, Fuß- und Beinkräftigung.
- **Maikäfer:** Strample in Rückenlage wie ein Maikäfer, indem du abwechselnd mit einer Hand den diagonalen Fuß berührst. Ziel: Kräftigung der Bauchmuskulatur.
- **Frosch:** Du machst dich in Rückenlage ganz klein (Knie und Ellbogen zusammen) und wieder groß (Arme und Bein wegstrecken). Ziel: Kräftigung der Bauchmuskulatur.
- **Fuchs:** Strecke als Fuchs im Vierfüßlerstand diagonal ein Bein und einen Arm weg. Ziel: Kräftigung der Rücken- und Gesäßmuskulatur.

- **Hase:** Springe auf der Stelle wie ein Hase. Ziel: Kräftigung der Beinmuskulatur.
- **Krokodil:** Kraule mit den Armen abwechselnd am Körper entlang über dem Boden vor und zurück. Ziel: Kräftigung der Rücken-, Schulter- und Nackenmuskulatur.
- **Kleine Katze:** Senke wie eine Katze im Vierfüßlerstand den Oberkörper hinten ab und schiebe dich am Boden entlang nach vorne, um Milch zu schlecken. Ziel: Mobilisation der Arm-, Brust-, Schulter- und Rückenmuskulatur.
- **Löwe:** Beuge und strecke im Vierfüßlerstand die Arme. Ziel: Kräftigung der Arm-, Brust- und Schultermuskulatur.
- **Storch:** Lege dich auf die Seite. Hebe beide Beine (Schnabel) nach oben und senke sie wieder knapp über dem Boden. Ziel: Kräftigung der Hüft- und Rumpfmuskulatur.

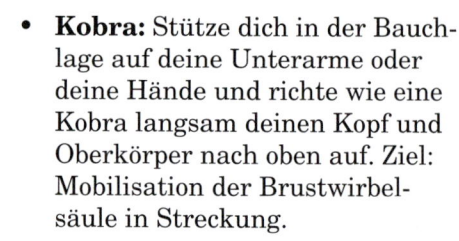

Bewegung in Lern-, Förder- und Entwicklungsbereichen

- **Kobra:** Stütze dich in der Bauchlage auf deine Unterarme oder deine Hände und richte wie eine Kobra langsam deinen Kopf und Oberkörper nach oben auf. Ziel: Mobilisation der Brustwirbelsäule in Streckung.

- **Leopard:** Du bist ein Leopard, der im Vierfüßlerstand die Hände ganz weit nach vorne schiebt (15-20 Sekunden). Ziel: Mobilisation der Brustwirbelsäule und Schultergelenk.

- **Küken:** Umfasse mit den Armen beide Beine (kniende Position) und mache dich klein wie ein Päckchen. Wiederhole den gleichen Vorgang in der Rückenlage. Ziel: Mobilisation der Wirbelsäule in Beugung (runder Rücken).

- **Schlange:** Schlängle dich mehrmals auf dem Boden hin und her. Ziel: Mobilisation der Wirbelsäule.

- **Adler:** Lege dich auf den Bauch oder begib dich in kniende Position und schwinge deine Arme wie Flügel nach oben und unten. Ziel: Kräftigung der Schulter- und Rückenmuskulatur.

Bewegung in Lern-, Förder- und Entwicklungsbereichen

- **Katze:** Katzenrücken und Rutschhalte im Wechsel. Ziel: Mobilisation der Wirbelsäule in Beugung.

- **Ameise:** Im Vierfüßlerstand die Knie anheben, eine Hand nach oben strecken und die Position einige Sekunden halten. Ziel: Ganzkörperkräftigung.
- **Spinne:** Im Vierfüßlerstand rücklings das Gesäß heben und durch die Halle gehen: Ziel: Kräftigung der Gesäß- und Oberschenkel-, Schulter- und Armmuskulatur.

- **Schubkarren:** Ein Kind hält ein anderes Kind an den Füßen. Dieses versucht sich steif zu machen und auf den Händen vorwärts zu gehen. Ziel: Kräftigung Ganzkörpermuskulatur.

5.4.2 Gymnastik mit einer Bewegungsgeschichte – Picknick im Grünen

Es ist Sonntagmorgen und die Sonne scheint durch den Rollladen hindurch auf unser Gesicht. Es ist Zeit zum Aufstehen (Räkeln und Strecken). Wir stehen auf, ziehen uns an (Anziehen) und putzen uns die Zähne (Zähne putzen rechts und links, dabei leicht die Knie beugen). Heute machen wir einen großen Ausflug mit dem Fahrrad. Vorher richten wir noch unseren Picknickkorb. Was kommt alles hinein? (im Kniestand den Picknickkorb packen). Doch bevor es losgeht, müssen wir das Fahrrad überprüfen, zuerst die Klingel (Daumen bewegen), das Licht (Rad drehen) und jetzt noch die Luft einpumpen (Kniebeuge und Arme nach unten drücken). Jetzt heben wir den Korb aufs Rad (Anheben), schnallen ihn an und los geht's (im Sitzen die Beine heben und radeln). Wir winken den Nachbarn (rechts und links winken), biegen rechts und links ab (rechter und linker Arm strecken), schauen dabei aber vorher in beide Richtungen (Kopf drehen). Jetzt kommt ein Berg (Aufstehen und fest auftreten), das ist ganz schön anstrengend, wir wischen uns den Schweiß ab (rechte und linke Hand bewegen). Oben angekommen, beginnt die schnelle Fahrt bergab, bei der wir uns ganz klein machen (in die Hocke gehen). Achtung: Vorsicht Kurve! Abbremsen (Bremse ziehen). Noch ein paar Meter bis zur Waldlichtung, wir haben es geschafft. Bevor es aber Mittagessen gibt, besucht uns der Zeitungsmann (aus einem großen Zeitungsblatt Arme und Beine anreißen), der mit uns allen Gymnastik macht (mit den Beinen und/oder Armen die unterschiedlichsten Bewegungsformen im Stehen und Liegen durchführen). Jetzt gibt es eine Überraschung – frische Pizza. Doch diese müssen wir selbst backen (ein Kind legt sich auf den Bauch, das andere Kind ist der Pizzabäcker). Zuerst wird das Backblech gebürstet und gespült (Rücken abrubbeln). Danach wird der Teig angerührt, geknetet und ausgerollt (drehen, kneten und rollen). Die Zutaten werden vorbereitet (Tomaten drücken, Salami schneiden, Zwiebel hacken) und danach die Pizza belegt (Rücken belegen). Zum Schluss kommt die Pizza in den Backofen (quer über den Rücken legen), wird gebacken, geteilt und verspeist. Nach dem Essen geht's wieder nach Hause (Geschichte weitererzählen).

5.4.3 Gymnastik mit dem Fitnessball

Der Fitnessball (Gymnastikball, Pezziball) ist ein ideales Handgerät für vielfältiges Üben mit Kindern. Durch seine Kugelform wirkt er motivierend und regt die Kinder zur Bewegung an. Er ist groß, leicht, belastbar und elastisch. Vielfältigste Bewegungsformen sind mit ihm möglich: Rollen, Zurollen, Hüpfen und Federn, Prellen, Zuprellen, Werfen und Fangen, Drehen, Heben,

Bewegung in Lern-, Förder- und Entwicklungsbereichen

Halten, Tragen, Übergeben, Balancieren, Kicken, Stützen, Liegen, Knien und Sitzen. Neben der Schulung der Sinnes- und Körperwahrnehmung lässt sich der Fitnessball ideal zur Verbesserung der koordinativen Fähigkeiten und der Ganzkörperstabilisation einsetzen. Viele gymnastische Übungsbeispiele finden Sie übrigens auch bei den Spiel- und Bewegungsformen mit Handgeräten (ab Seite 94).

- **Flieger:** Die Kinder liegen in Bauchlage auf dem Ball und versuchen die Hände und/oder die Füße vom Boden abzuheben. Ziel: Ganzkörperkräftigung (Körperrückseite), Schulung des Gleichgewichts.
- **Wegschieben:** Zwei Kinder setzen sich Rücken an Rücken auf einen Fitnessball und versuchen sich gegenseitig weg zu schieben. *Variation:* ein Bein wird angehoben. Ziel: Ganzkörperstabilisation, Schulung des Gleichgewichts.
- **Schwebesitzen:** Ein Kind sitzt auf seinem Ball und versucht einen (beide) Fuß vom Boden leicht abzuheben (ggf. mit Hilfestellung und weicher Unterlage). Ziel: Schulung des Gleichgewichts.
- **Balltransport:** Zwei Kinder transportieren gemeinsam einen Ball, ohne dass dieser den Boden berührt. Ziel: Schulung der Koordination, Ganzkörperstabilisation.
- **Ballknien:** Ein Kind versucht auf dem Ball zu knien und das Gleichgewicht zu halten (mit Hilfestellung und weicher Unterlage). Ziel: Schulung des Gleichgewichts.
- **Bär auf dem Ball:** Ein Kind versucht den Vierfüßlerstand für einige Sekunden auf dem Ball zu halten (mit Hilfestellung und weicher Unterlage). Ziel: Schulung des Gleichgewichts.
- **Balljonglage:** Das Kind liegt auf dem Rücken und jongliert den Ball auf seinen Händen und Füßen. Kann es den Ball wie ein Bär im Zirkus auch rollen? Ziel: Kräftigung der vorderen Rumpfmuskulatur.
- **Ballhalten:** Zwei Kinder liegen in Rückenlage gegenüber und halten einen Ball zwischen ihren Füßen. Sie bewegen den Ball in alle Richtungen ohne dass der Ball herunterfällt. Ziel: Kräftigung der vorderen Rumpfmuskulatur.
- **Brücke:** Das Kind liegt in Rückenlage auf dem Boden und legt beide Füße auf den Ball. Nun hebt euer Gesäß soweit nach oben bis der Körper eine Linie bildet und rollt den Ball nach rechts und nach links, ohne vom Ball zu fallen. Ziel: Kräftigung der Gesäß- und Rückenmuskulatur.
- **Frosch:** Das Kind liegt bäuchlings auf dem Ball und rollt abwechselnd von den Händen auf die Füße. Es wandert mit den Händen langsam nach vorne, ohne vom Ball herunterzufallen. Ziel: Kräftigung der Schultergürtel-, Arm- und Rumpfmuskulatur.

Bewegung in Lern-, Förder- und Entwicklungsbereichen

- **Sonnenanbeter:** Das Kind rollt aus dem Sitz den Ball langsam nach vorne bis es in Rückenlage auf dem Ball liegt. Ziel: Streckung der Wirbelsäule.
- **Kosakentanz:** Das Kind hebt aus der Sonnenanbeterposition die Hüfte nach oben. Jetzt rollt es langsam den Ball nach rechts und nach links oder hebt den rechten oder den linken Fuß vom Boden ab. Ziel: Kräftigung der Gesäß- und Rückenmuskulatur.

5.5 Bewegung und Handgeräte

Spielen ist Experimentieren mit dem Zufall (Novalis).

Handgeräte haben einen hohen Aufforderungscharakter. Die Kinder experimentieren und spielen mit ihnen in vielfältigster Weise alleine und in der Gruppe und fördern damit gleichsam alle motorischen Eigenschaften.

5.5.1 Spiel- und Bewegungsformen mit dem Handtuch

Material: Jedes Kind hat ein Handtuch.

- **Schau mal was ich kann!** Was fällt euch mit dem Handtuch alles ein? Welches Werfen, Rutschen oder Schwingen ist möglich? Ziel: Kennen lernen des Handgeräts, Experimentieren, Kreativität.
- **Rollerfahren:** Mit einem Fuß auf das Handtuch stellen und versuchen, sich mit dem anderen Fuß abzustoßen und auf dem Boden zu rutschen. *Variation 1:* Paarweise rutschen. *Variation 2:* Mit beiden Füßen auf ein Handtuch stellen und versuchen, vorwärts zu kommen und sich zu drehen. *Variation 3:* Staffel. Ziel: Koordination, Ausdauerschulung.
- **Tunnel-Polonaise:** Zwei Kinder laufen mit einem Handtuch durch die Halle und weichen den anderen Kindern aus. Anschließend versuchen sie durch einen anderen Tunnel durchzulaufen. Ziel: Reaktion, Abstimmung, Ausdauerförderung.
- **Schwänzchenraub:** Jedes Kind steckt sich das Handtuch hinten in die Hose und versucht einem anderen Kind das Handtuch zu rauben. Geraubte Handtücher werden ebenfalls in die Hose gesteckt. Ziel: Reaktionsschulung, Ausdauerförderung.

Bewegung in Lern-, Förder- und Entwicklungsbereichen

- **Im Dunkeln gehen:** Das Handtuch über den Kopf legen und im „Dunkeln" gehen. Die Kinder gehen kreuz und quer und halten die Hände vor den Körper. Treffen sich zwei Kinder, versuchen sie herauszufinden, wer sie sind. *Variation 1:* Ertasten von Gegenständen. *Variation 2:* Falls sich zwei Kinder berühren, begrüßen sie sich mit einem lauten „Ha". Ziel: Schulung der Orientierung, Kommunikationsförderung.
- **Handtuchhochwurf:** Wie muss das Handtuch geworfen werden, dass es möglichst hoch fliegt? Versucht dem herabfallenden Handtuch auszuweichen. Alle Kinder werfen auf „3" das Handtuch nach oben. Ziel: Experimentieren, Werfen, Reaktionsschulung.
- **Handtuchweitwurf:** Wie weit könnt ihr das Handtuch werfen? Wie wird es geworfen, dass es weit fliegt? Kinder werfen das Handtuch in oder durch ein Ziel, z.B. Reifen, Matte.
- **Olé:** Wie beim Stierkampf wird das Handtuch mit einem lauten „Olé" von einer Seite zur anderen Seite gezogen. Wenn jetzt noch ein Stier da wäre! Jedes Kind, das einen „Stier" darstellt, läuft mit lautem Gebrüll durch die Reihe der „Stierkämpfer" und stellt sich hinten an. Ziel: Schulung, Haltung (Körperaufrichtung), Ausdruck.
- **Linienfahren:** Das Kind stützt sich mit beiden Händen auf das Handtuch und fährt als „Auto" im Slalom um die Markierungen oder auf den Linien entlang. Ziel: Kräftigung der Arm- und Schultermuskulatur.
- **Bauchrutschen/Robbe:** Die Kinder legen sich bäuchlings auf das Handtuch und ziehen sich kräftig auf dem Handtuch am Boden oder an einer entgegenkommenden „Robbe" entlang. Ziel: Kräftigung der Rücken- und Schultergürtelmuskulatur.

Bewegung in Lern-, Förder- und Entwicklungsbereichen

- **Eisenbahn:** Lege dich mit dem Rücken auf ein Handtuch und schiebe dich mit den Beinen vorwärts. Ziel: Kräftigung der Rumpf- und Beinmuskulatur.
- **Ruderboot:** Im Sitzen oder kniend versucht sich das Kind mit den Händen und den Füßen abzustoßen und vorwärts zu ziehen. Ziel: Kräftigung der Ganzkörpermuskulatur.
- **Fußrutschen:** Mit den Füßen auf das Handtuch stellen und mit den Händen ziehen oder schieben. Ziel: Kräftigung der Ganzkörpermuskulatur.
- **Handtuchklau:** Das Handtuch unter den Rücken legen und mit dem Rücken festhalten. Ein anderes Kind versucht, das Handtuch herauszuziehen. Ziel: Kräftigung der Bauchmuskulatur, Wahrnehmungsförderung, Bauchspannung.
- **Karussell/Walzerkönig:** Zwei Kinder stehen sich gegenüber und halten ein Handtuch an den jeweiligen Enden fest. Mit dem Handtuch drehen. Das Handtuch nach oben und nach unten schwingen. Das Handtuch zur Seite schwingen und unten durch drehen. Ziel: Geschicklichkeit, Beweglichkeit.
- **Tauziehen:** Zwei gegenüberstehende Kinder halten ein Handtuch an den Enden fest und versuchen sich gegenseitig wegzuziehen. *Variation:* Die Kinder stehen auf einem Gegenstand wie z.B. Medizinball, oder Kasten. Ziel: Kräftigung der Ganzkörpermuskulatur, Wettkampf.

Bewegung in Lern-, Förder- und Entwicklungsbereichen

- **Raupe:** Zwei Kinder stehen auf einem Handtuch. Wie kann man sich darauf bewegen? Ziel: Förderung der Geschicklichkeit, Kommunikation.
- **Pferdekutsche:** Ein Kind liegt in Bauchlage auf dem Handtuch, das andere Kind zieht mit dem anderen Handtuch die „Kutsche" durch den Raum. *Variation 1:* Setze, knie oder stelle dich wie ein Kutscher aufrecht auf das Handtuch. *Variation 2:* Versuche die aufrechte Haltung zu halten. Ziel: Ganzkörperspannung und -kräftigung, Schulung des Haltungsgefühls.

- **Umzug:** Ein Kind schiebt das (möglichst aufrecht) sitzende oder kniende Kind durch den Raum.
Variation: Wer schiebt am schnellsten?
Ziel: Ganzkörperspannung und -kräftigung, Schulung des Haltungsgefühls.

- **Zweierbob:** Ein Kind wird von einem Zweispänner (zwei Kinder fassen die Zipfel des Handtuchs, bei kleinen Handtüchern extra Zügel) in kreis- und linienartigen Bewegungen oder mit unterschiedlichem Tempo durch den Raum gezogen. *Variation:* Im Raum umherliegende Gegenstände werden eingesammelt, transportiert und wieder abgeladen. Ziel: Ganzkörperspannung, Schulung des Gleichgewichts.
- **Wasserpumpe:** Zwei Kinder halten ein Handtuch an den Enden und bewegen sich auf und ab bis das Handtuch den Boden berührt. Dabei gehen sie in die Knie und halten den Oberkörper aufrecht (Vorübung zum Heben schwerer Gegenstände). Ziel: Vorübung zum Handtuch mit Ball, Bücken üben.

- **Handtuch mit Ball:** Ein Ball liegt auf dem Handtuch und wird durch schwingende Bewegungen nach oben geschleudert und wieder aufgefangen. Zwei Paare können nebeneinander stehend sich einen Ball zuschleudern und ihn auffangen. Ziel: Geschicklichkeit, Kommunikation, Bücken üben.

- **Hollywoodschaukel:** Ein Kind legt sich auf drei / vier Handtücher und macht sich ganz steif. Jeweils zwei Kinder fassen ein Handtuch an den Enden. Alle sechs / acht Kinder heben (mit einem aufrechten Rücken) gleichzeitig das Kind an und schaukeln es vorsichtig hin und her. *Variation:* Das Kind macht sich schlaff (Unterschiede erkennen). Ziel: Verbesserung der Ganzkörperspannung und Ganzkörperkräftigung, Schulung des Hebens von schweren Gegenständen.
- **Laufendes Band:** Eine (zwei) Mannschaft versucht, mit ihren Handtüchern einen „Fluss" zu überqueren, in dem sie die Handtücher von hinten nach vorne geben. Wird das „Wasser" berührt, muss wieder von vorne begonnen werden. Ziel: Kommunikation, Gemeinschaftssinn fördern.
- **Wäschekorb:** Einige Kinder befinden sich als „Waschleute" auf/in einer markierten Fläche. Die außen stehenden Kinder versuchen die schmutzige Wäsche in den Wäschekorb zu werfen, die „Wäscherinnen" und „Wäscher" befördern die Handtücher nach außen. *Variation:* zwei Linien gegenüber. Ziel: Wettkampf, Schnelligkeit, Werfen üben.

5.5.2 Spiel- und Bewegungsformen mit dem Bierdeckel

Material: Runde Bierdeckel werden auf einer Seite verschieden farbig angemalt oder mit buntem Papier beklebt.

- **Ampelspiel:** Bei „Rot" stehen, bei „Grün" laufen. *Variation:* zusätzlich „Gelb" (langsam abbremsen), Bierdeckelfarben hochhalten. Ziel: Ampelspiel kennen lernen, Ausdauerschulung.
- **Bierdeckelquadrat:** Ein nicht zu großes Feld wird mit vier Hütchen (4x4m) eingegrenzt. Die Kinder stehen verteilt an vier (zwei) Linien des Quadrats.
- **Zielwerfen:** Die Kinder erhalten die Aufgabe, Bierdeckel in den entfernten Bereich des Quadrats zu werfen (ggf. Hütchen bei 2m Markierung). Fällt ein Bierdeckel aus dem großen Quadrat, wird er geholt und das Kind versucht es erneut.
- **Überqueren:** Die Kinder bekommen verschiedene Bewegungsaufgaben, wie sie von einer zur anderen Seite gelangen (jeweils zwei gegenüberliegende Gruppen): gehen (laufen), ohne die Bierdeckel zu berühren; von Bierdeckel zu Bierdeckel gehen; immer auf einer (anderen) Farbe gehen; rechter Fuß berührt nur weiße Bierdeckel, linker Fuß nur bunte Bierdeckel; linker Fuß berührt nur grüne Bierdecke, rechter Fuß nur rote; rückwärts gehen nur auf den weißen (bunten) Bierdeckeln; vorwärts den Ampelfarben nachgehen; im Vierfüßlergang, Krebsgang gehen (Hände, Füße auf verschiedenen Farben); zu zweit (Handhaltung, Einhaken), das rechte Kind

auf roten, das linke Kind auf gelben Bierdeckeln; zu zweit, das rechte Kind abwechselnd rot – gelb, das linke Kind abwechselnd gelb – rot; zu zweit, die äußeren Beine über rote Bierdeckel, die inneren Beine (zusammengewachsen) gemeinsam über grüne Bierdeckel; zu dritt einhaken, ähnliche Aufgaben wie oben. Ziel: Schulung der Koordination, Interaktion.

- **Bierdeckel umdrehen:** Die eine Gruppe (Mädchen) dreht die weißen Bierdeckel um, die andere Gruppe (Jungen) die bunten Bierdeckel. Ziel: Schnelligkeit, Wechsel von Haltungen ansprechen.
- **Gleichgewicht halten:** Die Bierdeckel werden über die ganze Fläche verteilt und liegen kreuz und quer durcheinander. Die Kinder gehen, laufen oder hüpfen (in verschiedenen Variationen) um die Bierdeckel. Bei einem Signal sucht sich jedes Kind einen Bierdeckel und führt diverse Gleichgewichtsaufgaben durch: auf einen Bierdeckel stehen (mit beiden Füßen – Bierdeckel zudecken, mit einem Fuß, auf den Zehenspitzen, auf den Fersen); den Bierdeckel mit verschiedenen Körperteilen berühren; auf einem Bierdeckel wie vorher mit geschlossenen Augen, mit Armbewegungen;

Bewegung in Lern-, Förder- und Entwicklungsbereichen

gleichzeitig auf zwei Bierdeckel stellen (wie oben, mit einer Hand und einem Fuß); gleichzeitig auf drei Bierdeckel stellen (mit einer (zwei) Hand und einem (zwei) Fuß); gleichzeitig auf vier Bierdeckel stellen (verschiedene Farben); gemeinsam mit einem anderen Kind die Aufgaben erfüllen. Ziel: Schulung der Koordination, Gleichgewichtsfähigkeit und Ausdauer.

- **Einsammeln:** Zwei Gruppen sammeln möglichst viele Bierdeckel ein. Dabei muss abwechselnd aus jedem Feld (zwei Felder werden abgegrenzt) ein Bierdeckel geholt werden. Ziel: Aufräumen, Ausdauerschulung, Thema Bücken.
- **Balancieren:** Die Kinder gehen kreuz und quer durcheinander und balancieren einen (mehrere) Bierdeckel auf dem Kopf (mit der Hand, dem Fuß, dem Knie, der Schulter). Dabei kann das Geh- und Lauftempo variiert werden. Ziel: Schulung der Körperaufrichtung und Körperwahrnehmung.

- **Hilfreicher Engel:**
  Fällt beim Balancieren ein Bierdeckel auf den Boden, bleibt das Kind so lange stehen bis ein anderes Kind den Bierdeckel aufgehoben und wieder auf den Kopf gelegt hat. Ziel: Schulung der Körperaufrichtung, Bücken mit gebeugten Knien üben.

- **Bierdeckelklau:**
  Die Bierdeckel von den Schultern (zwischen den Knien) rauben. Ziel: Schulung der Reaktion.

Bewegung in Lern-, Förder- und Entwicklungsbereichen

- **Bierdeckel schnappen:** In der Rückenlage mit angestellten Beinen versucht ein Kind mit den Händen Bierdeckel zu schnappen, die das Partnerkind seitlich, dahinter, davor in unterschiedlicher Höhe hinhält. Ziel: Kräftigung der Bauchmuskulatur.

- **Fische fangen:** Zwei Kinder liegen sich in Bauchlage gegenüber, lassen je einen Bierdeckel auf dem eigenen Rücken wandern und übergeben ihn dann zum anderen Kind. Ziel: Kräftigung der Rückenmuskulatur.

- **Waage:** Einem Kind wird eine unterschiedliche Anzahl von Bierdeckeln auf die Hände gelegt (entfernt). Dieses versucht bei geschlossenen Augen das Gewicht zu erfühlen und jeweils mit den Händen nachzugeben. Ziel: Schulung der Körperwahrnehmung.

- **Spürnase:** Ein Kind liegt in Bauchlage und bekommt einige Bierdeckel auf verschiedene Körperteile gelegt. Es muss versuchen, diese Stellen sofort zu erraten. Ziel: Schulung der Körperwahrnehmung, Körperschema entwickeln.
- **Anspannen – Entspannen:** Die Bierdeckel werden nacheinander auf verschiedene Muskeln gelegt. Diese Muskeln werden vom liegenden Kind angespannt und nach dem Entfernen wieder entspannt. Ziel: Wechsel von Spannung und Entspannung kennen lernen.

5.5.3 Spiel- und Bewegungsformen mit der Schaumstoffrolle

Material: Schaumstoffrechtecke aus der Matratzenfabrik, Maße ca. 15cm lang, ca. $10 \times 10 cm^2$ Querschnitt.

- **Schau mal was ich kann!** Was könnt ihr mit der Schaumstoffrolle alles machen (Reiten, Werfen, Schießen, Fechten)? Ziel: Erproben, Experimentieren lernen.
- **Schaumstoffrollenkampf:** Die Kinder suchen sich ein gegnerisches Kind, mit dem sie einen Kampf ausfechten. Ziel: Wettkampf, Geschicklichkeit trainieren.

Bewegung in Lern-, Förder- und Entwicklungsbereichen

- **Rollenhochwurf:** Wie werfe ich die Rolle, dass sie am höchsten fliegt? Wer schafft es, die Rolle bis zur Decke zu werfen und ihr beim Herunterfliegen auszuweichen? *Variation:* Die Kinder stehen sich paarweise gegenüber, werfen die Rolle hoch, wechseln schnell zum Platz des Partnerkindes und fangen dort dessen Rolle auf. Ziel: Reaktion, Werfen üben.
- **Rollenweitwurf:** Auf Kommando werfen alle Kinder die Schaumstoffrollen so weit wie möglich weg. Die Kinder stehen auf einer Hallenseite oder einer Erhöhung und holen die Rollen erst, wenn alle Kinder geworfen haben. Ziel: Werfen üben.
- **Auf die Plätze:** Ein Kind läuft im Abstand von 3-5m an einer markierten Linie entlang. Die anderen Kinder stehen an einer Hallenseite in einer Reihe und versuchen dieses Kind mit der Schaumstoffrolle abzutreffen. Welches Kind wagt zu laufen? Ziel: Werfen, Reaktion üben.
- **Schraube:** Die Rolle hochwerfen und dabei der Rolle einen Drall versetzen und anschließend wieder auffangen. Die Rolle hochwerfen und dabei sich selbst drehen. Ziel: Werfen, Geschicklichkeit üben.
- **Riesen-Pommes frites:** Zwei Kinder werfen sich ein „Riesen-Pommes frites" hin und her und versuchen es zu fangen. *Variation:* Die Kinder lassen die Rolle am Boden entlang rutschen, evtl. auch in ein Ziel.

- **Haltung bewahren:** Die Kinder stehen in Schrittstellung auf der Rolle und halten dabei das Gleichgewicht. Geht es mit einem kleinen Gegenstand auf dem Kopf leichter? Ziel: Gleichgewicht, Aufrichtung, Körperlot und Stabilität durch Säckchen erfühlen.

- **Balancieren:** Die Kinder balancieren über aneinander gelegte Rollen. Sie legen mit den Rollen Figuren oder einen Kreis. Zusätzlich kann es weitere Aufgaben geben. *Variation:* die Schaumstoffrollen auch auf dem Kopf, der Hand oder mit den Füßen balancieren. Ziel: Gleichgewicht, Aufrichtung üben.
- **Schaumstoffrollenlauf:** Die Kinder hüpfen und laufen in verschiedenen Variationen über, um und auf den Schaumstoffrollen. Die Schaumstoffrollen liegen kreuz und quer, hintereinander, im Kreis oder in einer Reihe mit verschiedenen Abständen. Ziel: Ausdauerförderung, Koordination.
- **Haus bauen:** Die Kinder bauen mit den Rollen ein Haus; entweder nach oben oder waagrecht auf dem Boden. Ziel: Kommunikation, Interaktion fördern.
- **Stille üben:** Die Kinder legen sich auf die Schaumstoffrollen ihres Hauses und ruhen sich aus. Ziel: Ausruhen, Stille erfahren.

5.5.4 Spiel- und Bewegungsformen mit dem Luftballon

Material: Einen Luftballon pro Kind.

- **Schau mal, was ich kann!** Die Kinder spielen mit dem Luftballon und versuchen alle möglichen Bewegungsformen aus und zeigen ihre Experimente.
- **Körperspiele:** Die Kinder spielen den Luftballon im Gehen (Sitzen, Liegen) mit verschiedenen Körperteilen (Hand, Kopf, Knie, Fuß).
- **Seelöwe:** Wer kann den Luftballon auf der flachen Hand, dem Zeigefinger oder auf der Nase wie ein Seelöwe jonglieren? Wer kann sich dabei noch hinsetzen oder hinlegen? Ziel: Koordination, Gewöhnung einüben.
- **Luftballon haschen:** Bei einem Signal versucht jedes Kind einen Luftballon zu erhaschen. Ziel: Koordination üben.
- **Händeklatschen:** Den Luftballon hochwerfen und so lange in die Hände klatschen, bis der Luftballon wieder knapp über dem Boden aufgefangen werden kann. Ziel: Koordinationstraining.
- **Drehen:** Den Luftballon hochwerfen, drehen und wieder auffangen. Ziel: Koordinationsförderung.
- **Luftballontransport:** Zwei Kinder bewegen sich gemeinsam mit einem Luftballon zwischen den Hüften, den Schultern, dem Po und der Stirn. Ziel: Kommunikation, Koordination fördern.

- **Karussell:** Beide Kinder halten den Luftballon zwischen ihren Rücken und drehen sich umeinander, ohne den Luftballon mit der Hand zu halten. Ziel: Koordinationstraining, Spaß haben.

- **Wirbel und Bandscheibe:** Zwei Kinder gehen hintereinander und versuchen einen Luftballon zwischen beiden Körpern zu halten. Alle Kinder bilden mit ihren Luftballons eine Wirbelsäule. Ziel: Koordination schulen und Aufbau und Funktion der Wirbelsäule kennenlernen.

Bewegung in Lern-, Förder- und Entwicklungsbereichen

- **Bodyguard:** Ein Kind versucht einen Luftballon am Rücken eines anderen Kindes zu halten, welches sich ständig bewegt und dabei Tempo und Richtung verändert. Ziel: Schnelligkeit, Koordination trainieren.
- **Poklopfen:** Die Kinder versuchen, sich gegenseitig mit dem Luftballon auf den Po zu treffen. Ziel: Koordinations- und Schnelligkeitstraining, Spaß haben.
- **Hin- und Herschlagen:** Zwei Kinder werfen und schlagen sich einen (zwei) Luftballon hin und her. Ziel: Reaktionsfähigkeit üben.

- **Fußball:** Die Kinder halten den Luftballon mit den Füßen in der Luft. Das gleiche Vorgehen mit mehreren Luftballons ausprobieren. Ziel: Geschicklichkeitstraining.
- **Luftballon blasen:** Die Kinder schlängeln sich am Boden entlang wie eine Schlange und blasen den Luftballon vorwärts.
- **Schildkröte:** Die Kinder reiben den Luftballon an der Kleidung und transportieren ihn wie eine Schildkröte auf dem Rücken.

Bewegung in Lern-, Förder- und Entwicklungsbereichen

- **Der bewegliche Kreis:** Einige Kinder bilden im Sitzen, Knien oder Stehen einen Kreis und versuchen einen (zwei, drei) Luftballon vom Boden fern zu halten. *Variation:* Die Kinder bewegen sich dabei an einen anderen Ort. Ziel: Koordination, Kräftigung, Kommunikation fördern.

- **Rekordversuch:** Die Kinder versuchen alle Luftballons in der Luft zu halten. Ziel: Gemeinschaft erleben.

- **Urknall:** Die Kinder setzen sich jeweils auf einen Luftballon und versuchen darauf das Gleichgewicht zu halten. Zum Schluss lassen alle Kinder die Luftballons gleichzeitig platzen. Ziel: Schulung des Gleichgewichts, Spaß haben.

5.5.5 Spiel- und Bewegungsformen mit der Zeitung

Material: Ein älteres Stück Zeitung pro Kind.

- **Zeitungsexperimente:** Die Kinder spielen mit der Zeitung und versuchen alle möglichen Bewegungsformen aus und zeigen ihre Experimente. Ziel: Experimentieren lernen.
- **Hindernislauf:** Die Kinder um- und überlaufen die Zeitungen in verschiedenen Formen.
- **Inselhopping:** Die Kinder versuchen, von „Insel" zu „Insel" zu gehen (ggf. Rutschgefahr!). Ziel: Koordinationsförderung.
- **Zeitungsziehen:** Zwei Kinder versuchen sich gegenseitig auf eine Zeitung zu ziehen. Ziel: Kräftigung der Ganzkörpermuskulatur, Wettkampf.
- **Blättertanz:** Die Kinder halten die Zeitungen nur durch Antippen in der Luft. Ziel: Koordinationstraining.
- **Segelschiffe:** Die Kinder halten im Laufen eine Zeitung mit gestreckten Armen nach oben und lassen sie im Fahrtwind flattern. Ziel: Imitationslernen.

- **Fahrtwind:** Die Kinder versuchen durch schnelles Gehen und Laufen ihre Zeitung am Bauch „kleben" zu lassen. Ziel: Spaß haben, Ausdauer einüben.

- **Fangspiel mit Dach:** Die Kinder legen die Zeitungen als Dach auf ihren Kopf und gehen umher, ohne dass die Zeitung herunterfällt (gleich wieder aufheben). Ein Kind versucht die anderen Kinder zu fangen. Ziel: Geschicklichkeit fördern.

Bewegung in Lern-, Förder- und Entwicklungsbereichen

- **Degenfechter:** Zwei Kinder fechten mit einer Zeitungsrolle einen Fechtkampf aus. Dabei ist es wichtig, durch gezielte Ausweich- und Täuschmanöver wenig Treffer zu bekommen. Ziel: Spaß haben, Haltungsförderung, Reaktionsfähigkeit einüben.

- **Zeitungstreten:** Die Kinder stehen mit einem Fuß auf der eigenen Zeitung und versuchen, mit dem anderen Fuß auf die Zeitung eines mitspielenden Kindes zu treten und diese zu zerreißen. Ziel: Reaktionstraining.

- **Zeitungsknäuel:** Die Kinder kneten aus den Zeitungsfetzen einen Zeitungsknäuel und probieren nun alle möglichen Wurf- und Bewegungsformen mit diesem Knäuel aus. Ziel: Werfen und Fangen üben.

- **Aufräumspiel:** Die Kinder werfen die zusammengeknüllten Zeitungen aus einem bestimmten Abstand in einen Abfalleimer. Ziel: Werfen üben.
- **Schneeballschlacht:** Zwei Mannschaften versuchen innerhalb einer bestimmten Zeit möglichst viel Schneebälle in das gegnerische Feld zu werfen. *Variation:* Die Kinder stehen an der Wand und werfen die übungsleitende Person ab, die in verschiedenen Abständen an den Kindern vorbei läuft. Ziel: Spaß haben, Werfen und Fangen einüben, Gemeinschaft erleben.

5.5.6 Spiel- und Bewegungsformen mit Seilen

- **Bewegte Seile:** Jedes Kind versucht mit dem Seil alle möglichen Bewegungsformen aus.
- **Seilreihe:** Die Seile liegen im Abstand von 1 Meter in einer Reihe. Die Kinder laufen mit verschiedenen Ausgabenstellungen um die Seile: vorwärts; rückwärts; eine Reihe vorwärts, die nächste rückwärts; Hopserlauf vorwärts und rückwärts; Seitgalopp; Überkreuzschritt. Ziel: Laufschulung, Ausdauer, Koordination fördern.
- **Balance mit Seilen:** Die Kinder balancieren über die Seile. Ziel: Gleichgewichtsförderung.
- **Seilhüpfen:** Die Kinder laufen und hüpfen in verschiedenen Formen über die Seile. *Variation:* Jedes Kind hat ein Seil und versucht in verschiedenen Formen zu hüpfen, z.B. vorwärts, einbeinig, wechselseitig, seitlich, rückwärts. Ziel: Hüpfen (Koordination), Ausdauer trainieren.
- **Wie fliegt das Seil am höchsten?** Das Seil so weit wie möglich nach oben werfen. Ziel: Werfen üben.
- **Hubschrauber:** Der Rotor des „Hubschraubers" wird angeworfen und dreht immer schneller (Kinder stehen auf). Der Hubschrauber setzt sich in Bewegung (Kinder laufen), bis er wieder landet. Ziel: Ausdauer, Geschicklichkeit fördern.
- **Seilzeck:** Jedes Kind versucht das Seil eines Mitspielers zu erhaschen. Hat er eines erwischt, steckt er es zu seinem eigenen Seil dazu. Wer hat nach einer Minute die meisten Seile? Ziel: Spaß haben, Schnelligkeits-, Reaktionsfähigkeit üben.
- **Seil schlängeln:** Jedes Kind schlängelt das Seil im Laufen hinter sich her. Ziel: Ausdauer, Geschicklichkeit fördern.
- **Seil haschen:** Ein Kind schlängelt sein Seil auf dem Boden entlang (ggf. in die Hose stecken). Das andere Kind versucht mit den Füßen das Ende zu erwischen. Ziel: Spaß haben, Schnelligkeit, Reaktion trainieren.

Bewegung in Lern-, Förder- und Entwicklungsbereichen

- **Kutscher und Pferd:** Das „Pferd" bekommt das Seil um den Bauch gebunden. Der oder die „Kutscher" umfassen das Seil und laufen gemeinsam mit dem Pferd. Bewegungsaufgaben: Linienlaufen, über Hindernisse springen, Sprint gegen das Seil, das Pferd zieht den Kutscher. Ziel: Geschicklichkeit, Kommunikation, Ausdauer, Kraft einüben.
- **Polonaise:** Alle Paare spannen ihre Seile. Das erste Paar läuft unter den anderen Seilen hindurch und stellt sich hinten an. Ziel: Spaß haben, Geschicklichkeit trainieren.

Bewegung in Lern-, Förder- und Entwicklungsbereichen

- **Bola:** Ein Seil wird an einer Stelle gedreht und ggf. mit einem weichen Gegenstand am Ende befestigt. Die Kinder versuchen über das Seil zu springen. Ziel: Reaktionsfähigkeit fördern.

- **Schwingendes Seil:** Zwei Kinder (Erwachsene) schwingen zwei Seile, die an einem Ende zusammengeknotet sind. Die Kinder laufen nacheinander (zu zweit, als Gruppe, ohne Pause) durch das schwingende Seil. Ziel: Reaktion, Geschicklichkeit üben.
- **Seilspringen zu dritt:** Zwei Kinder drehen das Seil, das dritte Kind springt in verschiedenen Variationen über das Seil. Ziel: Reaktionsfähigkeit, Geschicklichkeit trainieren.
- **Seilspringen:** Jedes Kind versucht (in verschiedenen Variationen) über das eigene Seil zu springen. Ziel: Ausdauer-, Geschicklichkeitsförderung.

5.5.7 Spiel- und Bewegungsformen mit dem Reifen

Material: Ein Reifen pro Kind.

- **Reifenexperimente:** Jedes Kind versucht mit dem Reifen alle möglichen Bewegungsformen aus. Ziel: Experimentieren, Kreativität.
- **Hula-Hoop:** Die Kinder drehen den Reifen um ihre Körper. Ziel: Geschicklichkeit üben.

- **Reifen rollen:** Die Kinder rollen den Reifen neben sich durch Antippen mit der Hand. Ziel: Rollen lernen.
- **Reifenspringen:** Die Kinder drehen den Reifen in den Händen und versuchen wie beim Seilspringen durch den Reifen durchzuschlüpfen. Ziel: Geschicklichkeit üben.

Bewegung in Lern-, Förder- und Entwicklungsbereichen

- **Hineinhüpfen:** Die Kinder drehen den Reifen auf dem Boden. Kannst du in den drehenden Reifen hinein- und heraushüpfen? Ziel: Geschicklichkeit üben.
- **Zurollen:** Zwei Kinder rollen sich einen Reifen zu. Ziel: Zielrollen, Kommunikation fördern.
- **Zielrollen:** Die Kinder rollen den Reifen in ein bestimmtes Ziel. Ziel: Genaues Zielrollen üben.
- **Reifen werfen:** Ein Kind rollt den Reifen, ein anderes Kind versucht einen Ball durch den Reifen zu werfen. Ziel: Koordination trainieren.
- **Reifen treffen:** Ein Reifen wird gerollt, die Kinder versuchen diesen Reifen mit ihrem Reifen zu treffen. Ziel: Koordinationsfähigkeit einüben.
- **Durchsteigen:** Ein Kind rollt den Reifen, das andere Kind versucht durchzuspringen oder durchzusteigen. Ziel: Koordinations-, Kommunikationstraining.
- **Im Reifen wohnen:** Bei einem Signal sucht sich jedes Kind ein Plätzchen in einem Reifen. Wer es gemütlich haben will, sucht sich „Mitbewohnerinnen" und „Mitbewohner". Es wird jedes Mal ein Reifen entfernt. Ziel: Schnelligkeit, Ausdruck üben.
- **Welcher Reifen dreht am längsten?** Alle Kinder drehen im selben Moment ihren Reifen an. Ziel: Geduld lernen, Geschicklichkeit.
- **Springbrunnen:** Ein Kind hebt den Reifen über den Kopf eines anderen Kindes und lässt ihn fallen, ohne dass dieser das Kind berührt. *Variation:* Reifen selbst über den eigenen Kopf heben und fallen lassen. Ziel: Koordination, Kommunikation fördern.
- **Uhrzeitspringen:** Aus der Mitte des Reifens springen die Kinder auf eine bestimmte Uhrzeit (3 Uhr, 9 Uhr). Die Kinder sagen die Zeiten an, die dann gesprungen werden sollen. Ziel: Richtungsbewegungen und Uhrzeiten lernen.
- **Reifenwanderung:** Die Kinder bilden einen Kreis und fassen sich an der Hand. Zwei Kinder nehmen dabei einen Reifen zwischen ihre Hände. Die Kinder lassen den Reifen wandern, ohne die Hände zu lösen (durch den Reifen steigen). Ziel: Koordinationsfähigkeit fördern, Gemeinschaft erleben.
- **Reifenlauf:** Die Reifen liegen dicht in einer Reihe oder im Kreis auf dem Boden. Die Kinder laufen oder hüpfen in unterschiedlichen Variationen durch die Reifen, z.B. ein / zwei / drei Schritte pro Reifen, ein-/beidbeiniges Hüpfen, Seitgalopp, Pferdchensprung. Ziel: Laufschulung, Ausdauer, Koordination üben.
- **Wohnungswechsel:** Alle Kinder haben eine Wohung (Reifen). Ein Kind (ohne Reifen) sucht eine Wohung. Ruft dieses Kind laut „Wohungswechsel", müssen sich alle Kinder schnell eine neue Wohung suchen. Wer übrig bleibt, ist der neue Wohnungssuchende.

5.5.8 Spiel- und Bewegungsformen mit Stäben

Material: Jedes Kind erhält einen Stab.

- **Stabexperimente:** Jedes Kind versucht mit dem Stab alle möglichen Bewegungsformen aus. Ziel: Experimentieren, Kreativität.
- **Balancieren:** Wie könnt ihr den Stab balancieren, z.B. auf der flachen Hand, dem Finger, dem Kopf? Ziel: Koordinationstraining.
- **Stablaufspiele:** Die Kinder laufen von einer Hallenseite zur anderen Hallenseite (als Indianer mit lautem Gebrüll, als Ritter mit Lanze, als Schwertkämpfer, als japanischer Stockkämpfer, als Opa und Oma, als Stockspringer, als Dirigent, der den Stab auf den Boden tippt). Ziel: Kreativität, Ausdruck, Koordination, Ausdauer üben.
- **Stabwurf:** Die Kinder probieren verschiedene Wurfformen aus, ohne dass der Stab herunterfällt, z.B. den Stab von der rechten in die linke Hand werfen, von unten fassen, von oben fassen, im Wechsel von oben und unten fassen, von oben fassen und Hände überkreuzen. Ziel: Werfen und Fangen, Koordination üben.
- **Bewegte Stäbe:** Verschiedene Bewegungsformen ausprobieren, z.B. den Stab um den Körper kreisen lassen, über den gehaltenen Stab steigen. Ziel: Koordination.
- **Urknall:** Alle Stäbe auf den Boden stellen (in der Luft halten) und gleichzeitig loslassen. Ziel: Gemeinschaft erleben.
- **Platzwechsel:** Zwei Kinder stehen sich gegenüber und stellen den Stab auf den Boden. Die Kinder lassen den Stab los und wechseln schnell die Plätze, ohne dass der Stab den Boden berührt. Ziel: Greifen, Reaktion, Kommunikation fördern.
- **Dampflock/ICE:** Im Wechsel die Stäbe nach rechts und links schwingen, unter den Stäben durchdrehen, Lokomotive fahren, Holz sägen oder wie ein Hampelmann springen. Ziel: Koordination, Kommunikation, Kräftigung fördern.
- **Stab ziehen:** Die Kinder versuchen sich mit den Stäben gegenseitig von der Stelle zu ziehen. Ziel: Kräftigung der Körpermuskulatur.
- **Ritterspiele:** Die Kinder sind im Zeitalter der Ritter. Jedes hält seinen Stab wie ein Schwert mit beiden Händen im unteren Drittel. Die Kinder schlagen die Stäbe wie Schwerter mehrmals leicht rechts und links gegen einander. Ziel: Kräftigung der Ganzkörpermuskulatur, Koordinationstraining.
- **Stabstaffel:** Die Kinder versuchen mit zwei Stäben einen liegenden Stock um eine Markierung herum und wieder zurück zum Ausgangspunkt zu rollen. Ziel: Koordinationstraining.
- **Stab fangen:** Ein Kind steht in der Mitte und stellt den Stab senkrecht auf den Boden. Es ruft den Namen eines mitspielenden Kindes und lässt

den Stock fallen. Das gerufene Kind rennt in die Mitte und versucht den Stock zu fangen. Ziel: Reaktion, Schnelligkeit üben.
- **Stabweitergabe:** Die Kinder stehen im Kreis und halten jeweils einen Stab in der rechten Hand. Auf Kommando geben die Kinder den Stab nach rechts weiter, erhalten aber gleichzeitig von ihrem linken Nachbarn jeweils einen Stab. Ziel: Reaktion, Koordination.
- **Stabrunde:** Die Kinder stehen im Kreis und stellen ihren Stab vor sich auf den Boden. Auf Kommando lassen Sie ihren Stab los, wechseln nach rechts und versuchen den rechten Stab zu fassen. Ziel: Reaktion, Schnelligkeit üben.
- **Stabspiele:** Mit dem Stab den Tennisring kreuz und quer durch die Halle schieben. Ziel: Koordination, Ausdauer.
- **Slalomlaufen:** wie oben, nur diesmal durch einen Slalomparcours laufen. Ziel: Koordination, Geschicklichkeit.
- **Großer Slalom:** Jedes Kind läuft durch einen großen Slalom und gibt den Ring an das nächste Kind weiter. Ziel: Koordination, Kommunikation, Geschicklichkeit.
- **Tennisringspiele:** Zwei Kinder spielen sich im Stehen und im Laufen den Tennisring zu. Ziel: Ausdauer, Auge-Hand-Koordination.
- **Hockey:** Die Mannschaften spielen gegeneinander und versuchen den Tennisring ins Tor zu schießen. Jedes Kind muss vorher den Ring berührt haben. Ziel: Spaß, Wettkampf, Ausdauer, Auge-Hand-Koordination.

5.5.9 Spiel- und Bewegungsformen mit Bänken

Material: Drei oder vier Bänke im Rechteck oder Quadrat aufstellen, so dass ein Zwischenraum entsteht.

- **Laufen um die Langbänke:** Jede Bank mit einem Fuß oder einer Hand berühren, mit der Hand und mit dem Fuß berühren, die Bank mit dem Po berühren, links/rechts um die Bank laufen und mit der linken/rechten Hand die Bank berühren. Ziel: Ausdauer, Geschicklichkeit trainieren.
- **Steigen über die Langbänke:** Über jede Bank vorwärts, rückwärts oder seitwärts steigen. Ziel: Geschicklichkeit.
- **Schlängeln:** Über jede Bank einmal steigen oder springen, danach unter der Bank hindurch schlängeln. Ziel: Koordination, Beweglichkeit.
- **Grätschgang:** Über die Bank im Grätschgang gehen. Anschließend im Grätschgang rückwärts gehen. Ziel: Koordination fördern.
- **Bankläufe:** Auf der Bank entlang gehen, seitwärts gehen, über kleine Hindernisse steigen, auf der Bank gehen und abwechselnd das rechte und linke Bein absenken, mit einer Drehung in der Mitte. Danach die gleichen Bewegungsformen ausführen und über die schmale, untere Bankseite gehen. Ziel: Koordinationsfähigkeit fördern.

- **Balancieren mit Ball:** Auf der Bank vorwärts (seitwärts) balancieren und dabei einen Ball prellen. Ziel: Koordination fördern.
- **Ballweitergabe:** Mehrere Kinder stehen auf einer Bank. Die Bälle werden durch Drehen des Körpers an das hintere Kind weiter gegeben. Der Ball wandert einmal hin und her. Bei der nächsten Runde wird der Ball über dem Kopf nach hinten weitergegeben. Ziel: Koordination üben, Gemeinschaft erleben.
- **Bankwechsel:** Die Mannschaften wechseln schnell von ihrer Bank zu einer anderen Bank mit den Aufgabenstellungen: nach rechts (links); zwei nach rechts (links); nach außen (innen) schauen; sitzen; stehen; auf einem Bein stehen; sitzen und die Beine anheben; liegen. Ziel: Reaktion, Koordination fördern.
- **Positionswechsel:** Die Mannschaften stehen auf ihrer Bank und wechseln untereinander die Plätze ohne den Boden zu berühren. Ziel: Koordination üben.
- **Rollende Bank:** Die Bank liegt umgedreht auf mehreren Stäben. Die Bank wird an den Seiten gesichert. Ein oder zwei Kinder versuchen auf der Bank ihr Gleichgewicht zu halten. Ziel: Koordinationsfähigkeit trainieren.

5.5.10 Spiel- und Bewegungsformen mit dem Fitnessball

Material: Jedes Kind hat einen Fitnessball (Gymnastikball, Schaumstoffball)

- **Schau mal was ich kann!** Die Kinder probieren mit dem Ball verschiedene Spiel- und Bewegungsformen aus. Ziel: Kennen lernen des Balls, Kreativität.
- **Rollen:** Die Kinder rollen ihre Bälle im Gehen oder Laufen in verschiedene Richtungen. *Variation:* mit verschiedenen Körperteilen anstoßen oder die Bälle schnell durcheinander rollen. Ziel: Ballgewöhnung, Koordinationsschulung.
- **Bälle tauschen:** Alle Bälle werden ganz schnell untereinander ausgetauscht. Ziel: Schulung der Reaktionsschnelligkeit.
- **Carambolage:** Die Kinder rollen die Bälle so aufeinander zu, dass sie wie Billardkugeln auseinander prellen. Ziel: Schulung der Koordination.
- **Rollball fangen:** Alle Kinder rollen ihre Bälle mit den Händen vorwärts. Ein Kind versucht dabei als Fänger die anderen Kinder abzuschlagen, die dann ebenfalls zu Fänger werden. Ziel: Schulung der Reaktionsschnelligkeit.
- **Zurollen:** Zwei Kinder rollen sich einen (zwei) Ball (Bälle) zu. *Variation:* Abstand verändern, im Laufen rollen. Ziel: Schulung der Koordination und der Basisbewegung Rollen.
- **Prellen:** Die Kinder prellen ihren Ball beim Gehen oder Laufen in *verschiedenen Variationen:* mit beiden Händen prellen, mit der rechten (linken) Hand prellen, so hoch wie möglich prellen. Ziel: Schulung der Koordination und der Basisbewegung Prellen.

- **Rhythmusprellen:** Die Kinder versuchen die Bälle in einem Rhythmus zu prellen. Ziel: Schulung Rhythmisierungsfähigkeit.
- **Ballwegprellen:** Jeder Kind prellt seinen eigenen Ball und versucht dabei, den Ball eines anderen Kindes wegzutippen. Ziel: Schulung der Reaktionsfähigkeit.
- **Partnerprellen:** Zwei Kinder prellen sich einen (zwei) Ball (Bälle) zu. Ziel: Schulung der Koordination und der Basisbewegung Prellen und Fangen.
- **Zusammenprellen:** Zwei Kinder versuchen ihre beiden Bälle gemeinsam zu prellen. Ziel: Schulung der Koordination und Kommunikation.
- **Kreisprellen:** Die Kinder stehen im Kreis und prellen ihren Ball in einem gemeinsamen Rhythmus. Bei der Zahl „Drei" prellt jedes Kind seinem rechten Nachbarn den Ball zu. *Variation:* Bei der Zahl „Drei" wechselt das Kind zum rechten Nachbarn. Ziel: Schulung der Koordination.
- **LaOla-Welle:** Die Kinder stehen im Kreis und halten ihren Ball fest. Nacheinander werden die Bälle auf den Boden geprellt. Ziel: Schulung der Rhythmisierungsfähigkeit und Reaktionsschnelligkeit.
- **Werfen:** Zwei Kinder werfen sich einen Ball zu. *Variation:* in Bewegung zuwerfen. Ziel: Schulung der Koordination und der Basisbewegung Werfen und Fangen.
- **Hüpfen:** Die Kinder hüpfen auf ihren Bällen. Ziel: Schulung der Koordination.
- **Übungen erfinden:** Eine Gruppe von drei bis vier Kinder versucht mit einem, zwei oder drei Bällen verschiedene Bewegungsformen zu erfinden. Jede Gruppe darf ihre Form präsentieren. Ziel: Schulung der Koordination und Kommunikation.
- **Ball-Aerobic:** Alle Kinder führen im Stehen (Sitzen) auf Musik gemeinsame Bewegungen aus. Ziel: Schulung der Koordination, Kommunikation, Spaß.
- **Waschmaschine:** Ein Kind liegt auf dem Bauch, ein anderes Kind rollt (Waschmaschine füllen), drückt (Waschgang), dreht (Flecken entfernen) und wippt (Schleudergang) den Ball auf dessen Körper. Ziel: Körperwahrnehmung und Entspannung.

5.5.11 Spiel- und Bewegungsformen mit dem Fallschirm

Material: Einen Spielfallschirm.

- **Kreislaufen:** Die Kinder halten mit der rechten Hand den Fallschirm fest und laufen gemeinsam nach links im Kreis herum.
- **Wind machen:** Die Kinder halten mit beiden Händen den Fallschirm an den Enden fest und machen sich durch Rütteln Wind.
- **Hoch – Tief:** Die Kinder gehen gemeinsam hoch und tief und lassen dabei den Fallschirm schwingen.

- **Platzwechsel:** Beim Hochschwingen wechseln bestimmte Kinder ihre Plätze und laufen unter dem Fallschirm durch, z.B. alle Mädchen, Kinder mit blonden Haaren oder mit blauen Hosen.
- **Absetzen:** Die Kinder ziehen gemeinsam so am Fallschirm, dass sich alle Spielerinnen und Spieler gleichzeitig auf den Boden setzen können.
- **Krokodilspiel:** Alle Kinder setzen sich und strecken ihre Füße unter den Fallschirm. Ein „Krokodil" unter dem Fallschirm zieht mit lautem Gebrüll die anderen Kinder unter den Schirm. Alle verwandeln sich in Krokodile.
- **Katz und Maus:** Zwei „Mäuse" befinden sich unter dem Schirm. Zwei „Katzen" versuchen von außen unter den Schirm zu gelangen und die Mäuse zu fangen. Die anderen Kinder versuchen, es den Katzen durch Schütteln/Herabsenken des Fallschirms möglichst schwer zu machen.
- **Zelt:** Die Kinder ziehen nach dem Hochschwingen den Fallschirm über den Rücken und setzen sich auf den Boden ab, um dadurch ein Zelt zu bauen.
- **Ball rollen:** Die Kinder lassen einen großen Ball auf dem Fallschirm vorwärts rollen. Dabei ist der Fallschirm am Boden. Nur das Kind richtet sich auf, an dem der Ball gerade vorbeigerollt ist.
- **Fallschirm fliegen:** Die Kinder lassen den Fallschirm dreimal nach oben und unten schwingen. Beim dritten Mal lassen die Kinder den Fallschirm los und damit nach oben fliegen.
- **Kuppel:** Die Kinder lassen den Fallschirm beim Hochschwingen aufblähen, dann laufen sie nach innen, ohne dabei den Fallschirm loszulassen. Es entsteht eine schöne Kuppel.
- **Waschmaschine:** Ein (zwei) Kind sitzt unter dem Fallschirm. Die restlichen Kinder bewegen den Fallschirm, indem sie ihn mehrmals nach vorne, nach hinten und zur Seite ziehen. Das unten sitzende Kind wird durch den bewegten Schirm „gewaschen". *Variation:* Waschanweisungen geben (Schleudergang, Feinwaschgang).

5.6 Kreativität und Bewegungsgeschichten

Alle Kinder haben die märchenhafte Kraft, sich in alles zu verwandeln, was immer sie sich wünschen (Jean Cocteau).

Mit von den Kindern gewählten Materialien, Medien und durch selbst entwickelte Spiele können Kinder ideal ihre Kreativität und Fantasie spielen lassen und ihren Interessen und individuellen Bedürfnissen nachgehen. Um ihr Selbstvertrauen aufzubauen und zu stärken, dürfen die Kinder ihre Stärken auch mal ganz bewusst den anderen zeigen. Vor allem in *Fantasie- und Rollenspielen* stellen Kinder vertraute Alltagssituationen als fiktive Szenen nach. Im Sinne von „So-tun-als-ob" kaufen Kinder ein, bereiten Essen zu und fahren Auto. Im Fantasiespiel wird die motorische Entwicklung als auch das logisch-abstrakte Denken angeregt. Demgegenüber ermöglichen Rollenspiele den Kindern, sich mit Wunsch- und Traumbildern zu identifizieren. Die Möglichkeit, in der ausgewählten Rolle kompetent zu handeln, führt zu Zufriedenheit und Ich-Stärke.

Bewegungsgeschichten ermöglichen eine dauerhafte und intensive Auseinandersetzung mit einem Thema und erleichtern damit die Umsetzung von Ich-, Material- und Sozialerfahrung im täglichen Leben. Nach den Wünschen der Kinder können Bewegungsgeschichten problemlos erweitert, variiert und nach eigenen Wünschen und Ideen gestaltet werden. Sie ermöglichen den Kindern ein hautnahes Erleben und Eintauchen in eine Fantasiewelt. Bewegungsgeschichten bedeuten Erlebnisse mit allen Sinnen, schärfen aber auch die Konzentration der einzelnen Sinne. Sie erleichtern die Übernahme von Rollen und unterstützen die Kinder bei der Alltagsorientierung.

Tipp: Um Kindern die Möglichkeit zu geben, sich im Spiel frei zu entfalten und Spielhandlungen Schritt für Schritt aufzubauen, ist es wichtig, Spielräume mit multifunktional einsetzbaren Spielmaterialien bereit zu stellen, die dazu anregen, den Raum zu verändern und in dem sich vielfältige Spielhandlungen verwirklichen lassen. Als Spielmaterial können sowohl klassisches Spielzeug als auch Natur- und Alltagsgegenstände dienen.

5.6.1 Fantasie- und Rollenspiele

- **Sportschau:** Kinder entwickeln in Kleingruppen eigene Sportspiele oder Bewegungsaktionen zum Thema „Sportschau" und führen sie nachher den anderen vor. *Variation 1:* Jede Gruppe stellt zudem eine Sportreporterin bzw. einen Sportreporter, die das Thema kommentieren. *Variation 2:* auf Wunsch der Kinder auch andere Themen in Bewegung umsetzen lassen.
- **Kunststücke:** Jedes Kind zeigt mit einem Spiel-, Sportgerät oder mit Alltagsmaterialien einfachste Kunststücke (z.B. was man alles mit einer Küchenrolle oder Klopapierrolle machen kann). *Variation:* Gleichzeitig mit mehreren Gegenständen „Kunststücke zeigen" oder zusammen mit einem anderen Kind etwas Ausgedachtes vorführen.
- **Artist:** Kunststücke ohne Materialien ausprobieren, wie z.B. auf einem Bein stehen oder aus dem Sitz ohne Handunterstützung aufstehen. *Variation:* partner- und gruppenweise Kunststücke probieren, auch mit Materialien.
- **Geschicklichkeitsparcours:** Den Kindern stehen unterschiedliche Alltagsmaterialien wie Pappkartons oder Küchenrollen zum Bauen zur Verfügung. Sie errichten verschiedene Geschicklichkeitswege und sollen z.B.

durch ein Kartontor oder eine Seillandschaft klettern, ohne etwas zu berühren. *Variation:* weitere Aufgabenstellungen, auch unter verschiedenen Themen, z.B. „Schatzsuche"; paarweise mit Handfassung Aufgaben lösen.
- **Dschungellandschaft:** Die Kinder bauen mit den vorhandenen Geräten und Materialien eine „Dschungellandschaft", z.B. eine Höhle aus Matten und Kästen, eine Schlucht aus Seilen und Taue. Die Kinder probieren unterschiedliche Angebote in der Dschungellandschaft. *Variation:* partnerweise; Veränderung der Bewegungslandschaft.
- **Korkenwald:** In einem abgegrenzten Spielfeld werden viele Korken auf den Boden gestellt (Abstand: ein Fuß). Die Kinder versuchen, diesen „Korkenwald" zu durchqueren, ohne dass ein Korken umfällt oder wegrollt. Die Kinder beschreiben oder zeigen erst den Weg, den sie gehen wollen („Strategie-/Handlungsplan"). *Variation:* andere Materialien (Jogurtbecher, Filmdosen, Papprollen, Bierdeckel); paarweise, dabei geht ein Kind vor, ein anderes geht den Weg nach.
- **Flussüberquerung:** Partnerweise. Die Kinder überlegen, wie sie mit den ihnen zur Verfügung stehenden Materialien wie Teppichfliesen den Fluss (mit Absperrband markiert) überqueren können. Bevor sie losgehen, beschreiben sie den Weg und die Form der Überquerung. *Variation:* gruppenweise; andere Materialien nutzen; Anzahl der „Flusskontakte" vorher bestimmen.

5.6.2 Bewegungsgeschichten

- **Walk the dog:** Jedes Kind hat seinen Lieblingshund (Namen nennen) vor sich und streichelt ihn. Dann geht es mit dem Hund Gassi. Dieser macht dabei alles, was ein Hund macht, z.B. schnüffeln, weglaufen, oder stehen bleiben. Wir streicheln ihn wieder und geben ihm etwas zu fressen. Es ist eine Wunderpille, die aus unserem Hund einen Riesenhund macht. Die Leine ist aber noch die alte geblieben, so dass er uns hinter sich herzieht. Bei der nächsten Pille wird aus unserem Riesenhund ein Minihund und zum Schluss haben wir wieder unseren alten Hund.
- **Schnüffeln:** Jedes Kind hat einen „Hund" (anderes Kind), das an seiner Hand schnüffelt. Egal welche Bewegung das Kind mit seiner Hand macht (hoch und tief, recht und links, im Kreis drehen, weglaufen), sein Hund folgt ihm schnüffelnd.
- **Bewegungs-Quadrate:** Mit vier Seilen werden die Innenlinien eines großen Quadrats gelegt. Jedem Quadrat wird eine Bewegungsqualität zugeordnet, z.B. Zeitlupenbewegung, Zeitrafferbewegung, eckige Roboterbewegung und runde Ballerinabewegung. Die Kinder können selbstständig zwischen den Quadraten wechseln.

Bewegung in Lern-, Förder- und Entwicklungsbereichen

- **Ein wunderbares Märchen:** Die Kinder sitzen oder stehen im Kreis. Die Kinder werden in sechs Gruppen eingeteilt, jede Gruppe erhält einen Begriff. Wird dieses Wort in der Geschichte genannt, stehen die Kinder dieser Gruppe auf, laufen eine Runde um den Kreis und setzen sich wieder an ihren Platz (Menschen = Gruppe 1; Stadt = Gruppe 2; Licht/Lichter = Gruppe 3; Strom = Gruppe 4; Kohle = Gruppe 5; Atom/Atome = Gruppe 6). Es war einmal eine große *Stadt* mit vielen *Mensch*en, langen Straßen, hohen Häusern und hunderttausenden von *Lichtern*. Es wurde viel *Strom* verbraucht in dieser *Stadt*. Außer den Lampen mussten ja auch noch andere elektrische Geräte betrieben werden. Jahrzehntelang gewannen die *Menschen* ihre Elektrizität aus *Kohle*. Doch die Vorräte neigten sich dem Ende zu und so wurden die besten Fachleute in den modernsten Labors eingeschlossen, um nach neuen Energiequellen zu forschen. Eines Tages, der *Strom* war aus Spargründen gerade wieder einmal abgeschaltet, saß ein Ingenieur bei Kerzenschein vor einem kleinen Haufen widerspenstiger *Atome*, die einfach keine Energie freigeben wollten. In seiner Verzweiflung nahm der Ingenieur seine Axt aus der Schublade und begann den Haufen zu spalten. Es funkte und knallte und wurde so hell im Labor, als würde das *Licht* brennen. Dem Ingenieur schmerzten die Augen vor Helligkeit und er konnte seine Entdeckung noch gar nicht fassen. Doch dann fiel es ihm wie Schuppen von den Augen: „Was brauchen wir noch *Kohlen*, wir spalten das *Atom*", dachte er und rannte zum größten Platz in der *Stadt* und rief die *Menschen* zusammen: ‚Hört her, Leute, es wird wieder *Licht* und *Strom* geben. Heureka, ich habe die Lösung gefunden!" Und zum Beweis legte er ein Stück *Kohle* und ein *Atom* nebeneinander auf den Boden, holte seine Axt hervor und hieb auf die *Kohle* ein. Nichts geschah; als er jedoch das *Atom* spaltete, wurde *Licht* und die *Menschen* johlten und feierten den Mann und trugen ihn auf den Schultern durch die *Stadt*. Die gespaltene *Kohle*, die glaubte, von nun an nur noch für das Feuer nützlich zu sein und kein *Licht* mehr machen zu dürfen weinte bitterlich und ein *Strom* von Tränen floss die Straßen herunter. Als die *Menschen* das sahen, wurden sie nachdenklich ob ihrer Leichtgläubigkeit und hatten Mitleid. Also entschieden sie in gemeinsamer Abstimmung, von nun an den Energiebedarf mit beiden Möglichkeiten abzudecken. Und so hatte die *Stadt* genug *Strom* und *Licht* aus *Atom* und *Kohle*, dass alle *Menschen* glücklich und zufrieden waren bis ans Ende ihrer Tage (von E. Köhler). Ziel: Spaß haben, Bewegung fördern, etwas über das Thema Energie erfahren und lernen.
- **Rettet euch vor dem Krokodil:** Laufspiel, bei dem die Konzentration und Reaktion gefordert sind. Die Kinder sitzen in der Kuschelecke und es wird ihnen eine Dschungelgeschichte von einem gefährlichen Krokodil vor-

gelesen. Immer wenn das Wort „Krokodil" ausgesprochen wird müssen sich alle Kinder in der hintersten Ecke des Raumes in Sicherheit bringen. Sind alle Kinder gerettet, werden sie von der Geschichtenerzählerin wieder zurückgerufen. Die Bewegungsgeschichte beginnt: Es waren einmal (Anzahl der zuhörenden Kinder) Affen, die lebten auf einer Dschungelinsel. Sie lebten dort aber nicht allein, es gab auch ein gefräßiges *Krokodil*. Die Insel ist wunderschön. Es gibt viele hohe Palmen und Bäume mit großen grünen Blättern, viele Tiere, besonders Affen und rundherum ist das Meer. Die Sonne scheint und viele Affen sitzen am Strand und lassen sich von der Sonne wärmen. Da plötzlich taucht das gefräßige *Krokodil* auf. Die Affen klettern auf die hohen Palmen und holen sich Kokosnüsse. Und was sehen sie in der Ferne? Immer noch das *Krokodil*. Nachdem die Affen längere Zeit auf den Palmen gesessen und sich an den Kokosnüssen satt gefressen haben, klettern sie von den Bäumen und legen sich schlafen. Alle schnarchen. Aber was kitzelt denn da an den Füßen? Das *Krokodil*? Nein es waren nur kleine Ameisen. Am nächsten Morgen sitzen die Affen wieder zusammen am Strand und spielen miteinander. Doch was hören sie plötzlich? Ein Schuss! Die Affen laufen aufgeschreckt herum und suchen nach dem *Krokodil*. Ein Jäger hat das arme Tier erschossen. Ihr könnt ja mal probieren, es wieder sanft zum Leben zu erwecken.

- **Ausflug des Königspaares:** Laufspiel. Es werden 10 Rollen an Kinder verteilt. Als Rollen werden vergeben: König, Königin, Kutscher, zwei Pferde (links / rechts), Kutsche/Karosse und vier Räder (vorne links / vorne rechts / hinten links / hinten rechts). Bei Nennung der Rollenbezeichnung läuft das genannte Kind bzw. mehrere Kinder um ein vorgegebenes Mal bzw. die Stühle der anderen sitzenden Kinder (Beispiel: Bei der Nennung des Begriffs „Karosse" laufen die Kutsche und die vier Räder). Die Bewegungsgeschichte beginnt: Es war einmal ein *König* und seine *Königin*. Dieses *Königspaar* wollte eines Tages mit der *Karosse* einen Ausflug machen. Der *König* sagte zu seiner *Königin*: „Lass mich den *Kutscher* holen." Der *Kutscher* kam zum *König* und zur *Königin*, und der *König* sagte zum *Kutscher*: „*Kutscher*! Hol unsere *Pferde* aus dem Stall und hole die *Karosse* aus der königlichen Garage. Spanne die *Pferde* vor die *Karosse*, denn die *Königin* und ich wollen einen Ausflug machen." Daraufhin ging der *Kutscher* in den Stall, holte die *Pferde* heraus und spannte sie vor die *Kutsche*. Dann bestiegen der *König* und die *Königin* die *Karosse*. Die *Königin* sagte zum *König*: „Lieber *König*, frag' den *Kutscher*, ob die *Pferde* zuvor genügend Hafer zum Fressen bekommen haben." Also rief der *König* den *Kutscher*: „Hey *Kutscher*! Haben die *Pferde* genügend Hafer bekommen, um vor die *Karosse* gespannt zu werden?" Der *Kutscher* antwortete dem *König*: „Ja, *König*! Die *Pferde* haben genügend Hafer bekommen." Daraufhin sagte der *König*: „*Kutscher*! Spanne die *Pferde* vor die *Kutsche*." Als der *Kutscher* die *Pferde* vor die *Karosse* gespannt hatte und das *Königspaar* in die *Kutsche* gestiegen war, setzte sich diese in Bewegung. Nach einer kurzen Zeit sagte die *Königin* zum *König*: „Mein guter *König*! Mein bester *König*! Mein liebster *König*! Ich glaube das *linke Vorderrad* eiert." Sofort rief der *König* zum *Kutscher*: „*Kutscher*! Hey *Kutscher*! Halte die *Pferde* an und schau nach dem *linken Vorderrad*. Und schau auch gleich nach dem *rechten Vorderrad*, dem *linken Hinterrad* und dem *rechten Hinterrad*. Am besten schau nach der ganzen *Karosse*!" Der *Kutscher* schaute zuerst nach dem *linken Vorderrad*, dem *rechten Vorderrad*, dann nach dem *linken Hinterrad*, dem *rechten Hinterrad* und dann noch nach der ganzen *Karosse*! In der Zeit, in der der *Kutscher* die *Karosse* überprüfte, gab er zuerst dem *linken Pferd* Wasser zu trinken und dann dem *rechten Pferd*. Dann sagte er dem *König*, alles an der *Karosse* sei in Ordnung, und sie könnten die Fahrt fortsetzen. Der *Kutscher* stieg auf die *Kutsche* und gab den *Pferden* die Sporen. Nach einer Weile sagte die *Königin*: „Lass uns nach Hause fahren." Im Schloss angekommen, stiegen der *König* und die *Königin* aus der *Kutsche*. Der *König* sagte zum *Kutscher*: „Schau noch mal nach dem *linken Vorderrad*, dem *rechten Vorderrad*, dann nach dem *linken Hinterrad*, dem *rechten Hinterrad* und zum Schluss noch nach der ganzen *Karosse*." Danach ging er zum *Königspaar* und wünschte eine gute Nacht.

- **Pferderennen:** Die Kinder bilden einen engen Stuhlkreis. Alle Kinder ahmen die Geräusche und die Stimmung bei einem Pferderennen nach. Das beginnt damit, dass sich alle Kinder mit den Händen auf die Oberschenkel klatschen und dabei sprechen: „tarab, tarab, tarab …". Diese Klatschbewegung und das Gemurmel werden während des ganzen Spiels beibehalten. Zusätzlich gibt die spielleitende Person durch Zwischenrufe und Vormachen an, was jeweils zu tun ist, z.B. „Rechtskurve" (alle neigen ihren Oberkörper nach rechts); „Linkskurve" (alle neigen ihren Oberkörper nach links); „Oxer" (alle deuten mit erhobenen Armen und kurzem Aufstehen einmal die Sprungbewegung über das Oxer-Hindernis an); „Doppeloxer" (alle deuten zweimal die gleiche Sprungbewegung an); „Dreifachoxer" (dreimal Sprungbewegung andeuten); „Zuschauertribüne" (alle jubeln und werfen die Hände in die Luft): „Pferdegerangel" (alle buhen); „Wassergraben" (alle „blubbern" mit einem Finger an den Lippen); „Hufeisen verloren" (alle machen mit den Fingern im Mund „klong"). *Variation:* Die Liste kann durch beliebige weitere Geräusche und Bewegungen ergänzt werden.
- **Reise auf dem fliegenden Teppich:** Alle Kinder sitzen auf ihrer Teppichfliese. In jeder Raumecke stehen 1-2 Tische. Absprachen: Zur Musik „fliegen" alle Kinder auf ihren Teppich, bei Musik-Stopp „Landung" und

die Rassel ruft zum „Weiterflug" (laufen/rennen). Folgende Fantasie-Länder und -Orte werden besucht (mit Bewegungsanweisung): „Hüpf-Land" (die Kinder hüpfen durch den Raum); „Trampel-Land" (die Kinder trampeln mit den Füßen auf den Boden); „Klatsch-Land" (die Kinder klatschen in die Hände); „Tierpark" (die Tische in den Hallenecken stellen die „Käfige" der unterschiedlichen „Tiere" dar, dabei Tierkarten zur Kennzeichnung hinlegen. Auf Signal des „Wärters" (Kamm blasen) kommen die Tiere nach Arten getrennt aus ihren Käfigen und bewegen und äußern sich wie die Tiere, die sie darstellen. Auf Signal kehren sie in ihren Käfig zurück; „Riesen- und Zwergenland" (alle sind ganz groß oder ganz klein), „Elefanten- und Katzenland" (alle Kinder trampeln trompetend oder schleichen leise durch den Raum); „Gespenster-Land" (die Gespenster spuken nur zur Geisterstunde). Erst sind sie unter den Tischen in ihren Schlafhöhlen. Ertönt das Gespensterlied oder eine Triangel schlägt zur Geisterstunde, kommen alle Gespenster heraus und tanzen den Gespenstertanz. Nach Ende des Tanzes verschwinden alle wieder schnell in ihre Schlafhöhlen.

- **Wir bauen einen Schleuderball:** Jeden Morgen liegt die Zeitung in der Post. Alle Kinder sitzen im Kreis und erhalten ihre Zeitung (ein doppeltes Zeitungsblatt). Jedes Kind studiert seine Zeitungsseite gründlich, nebenher wird gefrühstückt. Nun müssen wir aber schnell zur Arbeit. Wir laufen lesend umher in verschiedenen Bewegungsformen und Körperpositionen. Wir bemerken einen Kaffeefleck auf dem Pullover. Was tun? (Fleck mit der Zeitung abdecken und schneller laufen, damit man die Zeitung nicht festhalten muss). Dann fängt es draußen auch noch an zu regnen. Um nicht nass zu werden, benutzen wir unsere Zeitung als Kopfbedeckung. Danach setzen wir unseren Weg zur Arbeit weiter fort (Zeitung auf dem Kopf ausbalancieren, damit sie nicht beim Laufen herunterfällt). Gleichzeitig decken wir den schäbigen Kaffeefleck auf unserem Pullover mit einer Hand ab. Mit der anderen Hand begrüßen wir unsere Nachbarn (Kinder begrüßen sich gegenseitig, wenn sie sich begegnen). Es fängt an zu schneien. Die Kinder knüllen die Zeitung zusammen (Schneeball) und spielen Schneeballschlacht. Wir sind durchnässt und nass geschwitzt von der Schneeballschlacht. Wir nehmen unsere Tücher zur Hand und trocknen uns ab. Alle Körperteile mit dem Tuch abtrocknen (einbeinig stehen, danach anderes Bein abtrocknen, Arme, gegenseitig den Rücken abschrubben). Das Handtuch ist jetzt „klitschnass". Wir werden es wedelnd im Rennen trocknen. Oh Schreck! Alle Hauswände und Fenster sind durch die Schneeballschlacht nass geworden. Auch diese abtrocknen. Nach getaner Arbeit müssen wir uns erst einmal ausruhen. Wir setzen uns zusammen und überlegen nochmals gemeinsam, wie wir Schneebälle machen können, ohne nass zu werden (zerknülltes Zeitungspapier). Danach nehmen wir unser kleines Tuch zum Abtrocknen, holen uns jeweils einen Schneeball (Zeitungspapier) und basteln zusammen mit der Schnur einen Schleuderball: Tuch über den „Schneeball" (zerknülltes Zeitungspapier) legen, eine größere Schlaufe in die Schnur knoten, danach Tuch mit Schnur fest zusammenknoten. Zum Abschluss können mit den selbst gemachten Schleuderbällen verschiedene Wurftechniken ausprobiert werden.

5.7 Bewegung und Gefühle

Jedes Empfinden ist auch Bewegen, jedes Bewegen beinhaltet auch Empfinden (Viktor von Weizsäcker).

Elementare Gefühle wie Freude, Wut, Kummer, Traurigkeit, Überraschung oder Interesse können erst im Laufe der Entwicklung nach Gefühlskategorien bewusst wahrgenommen, unterschieden und benannt werden. Die Versprachlichung hat für das bewusste Erleben und Erkennen von Gefühlen zentrale Bedeutung. Gefühle können verbal, aber auch nonverbal geäußert werden. Leider haben viele Kinder bereits verlernt, ihre Gefühle nonverbal auszudrücken „Auch gehört viel Kraft dazu, Gefühle zu zeigen, die ins Lächerliche gezogen werden können" (Germaine de Stael). Aus diesem Grund ist es notwendig, Spiele und Lerninhalte gut zu erklären und immer wieder feste Regeln miteinander zu vereinbaren.

Gefühle haben aber auch immer etwas mit der eigenen Haltung zu tun – im Inneren wie im Äußeren (siehe Rückenschule für Kinder). Die Körperhaltung und der Gesichtausdruck beeinflussen den Gesamteindruck des Menschen. Indem verschiedene Gefühlszustände und Stimmungen (fröhlich, traurig, wütend, ängstlich) beispielsweise pantomimisch nachgespielt werden, können die Kinder leibsinnlich wahrnehmen, dass Körperhaltungen mit einem bestimmtem Ausdruck und entsprechender Bedeutung verbunden sind.

Tipp: Bei der Auswahl der Spiele und Lerninhalte bietet es sich an, in spielerischer Form Lebenssituationen aufzugreifen oder situative Anlässe zu nutzen, die unmittelbar Gefühle hervorrufen. Dadurch werden das Finden persönlicher Ausdrucksformen für Gefühle und der Umgang mit Gefühlen unterstützt.

- **Gefühle erraten:** Die Kinder stehen sich paarweise im Spalier gegenüber. Die Kinder werden aufgefordert, allein mit ihrer Mimik und Gestik verschiedene Gefühle auszudrücken, die vom Kind gegenüber erraten werden sollen. *Variation:* mehrere Kinder können gemeinsam etwas ausdrücken und darstellen.
- **Gefühle ausdrücken:** Die Kinder gehen, laufen oder hüpfen durch den Raum und zeigen dabei den anderen Kindern wie sie sich selbst fühlen, z.B. wütend, fröhlich, traurig oder lustig. *Variation:* Kinder stellen selbst

Bewegung in Lern-, Förder- und Entwicklungsbereichen

gewählte Charaktere dar, z.B. „erschöpfter Läufer", „strahlender Sieger"; partner- oder gruppenweise Charaktere darstellen und erraten lassen; Themen werden vorgegeben; Kinder spielen nach eigenen Wünschen verschiedene Rollen wie eine lustige oder traurige Person; Kinder können sich auch mit einfachsten Mitteln verkleiden, z.B. mit Tüchern oder Zeitungspapier; Einsatz von Theaterschminke, um den Gesichtsausdruck zu verstärken.

- **Gefühls-Quadrate:** Jedem Quadrat wird eine Gefühlsqualität zugeordnet, z.B. ärgerlich sein, ängstlich sein, fröhlich sein und traurig sein. Die Kinder versuchen diese Gefühle in Bewegung auszudrücken und können wieder selbstständig zwischen den Quadraten wechseln.
- **Wut-Ball:** Alle Kinder stehen im Kreis. Das Kind, das den Softball in der Hand hält, formuliert einen Satz, der etwas mit dem Gefühl „Wut" zu tun hat. Zum Beispiel: „Ich bin wütend, wenn ...", dann wirft es den Ball einem anderen Kind zu. Dieses Kind sagt dann vielleicht: „Wenn ich wütend bin, dann ...".
- **Jetzt bestimme ich:** Alle Kinder stehen im Kreis. Ein Kind hat eine Mütze auf dem Kopf. Dieses Kind ist das „bestimmende Kind". Es macht eine Bewegung vor, gibt einen Laut von sich oder schneidet eine Grimasse. Die anderen Kinder machen das Vorgegebene nach. Nach einer Weile gibt das Kind die Mütze an ein anderes Kind weiter. Nun darf das nächste Kind bestimmen.
- **Streit im Kindergarten:** Ein Rollenspiel. Es werden typische Konfliktsituationen vorgegeben, die die Kinder nachspielen sollen, wie z.B. ein Kind wird ständig geärgert, weil die anderen Kinder es nicht leiden mögen, zwei Kinder streiten um ein Spielzeug, Peter will nicht aufräumen oder Tina versteckt immer die Brotboxen der anderen Kinder. *Variation:* Bitten Sie die Kinder, weitere Situationen zu schildern, bei denen sie leicht in Wut geraten. Lassen Sie die Kinder diese Situationen in Bewegung nachspielen und verschiedene Lösungen dafür finden. Diskutieren Sie anschließend, welche Lösungen für alle akzeptabel sind. So können die Kinder probeweise die richtigen Handlungen einüben. Sie erfahren spielerisch, ohne dafür bestraft zu werden, welche Reaktionen ihre Handlungsweisen hervorrufen und entwickeln gleichzeitig gegenseitiges Verständnis füreinander.
- **Streit in der Sandkiste:** Ein Rollenspiel. Mit einer Handpuppe können den Kindern verschiedene Szenen erzählt werden, die aus der Erlebniswelt der Kinder stammen und in denen es zu Konflikten kommt. Die Szene wird von einigen Kindern sofort nachgespielt. Die anderen Kinder schauen sich die Szene an und denken sich ein Ende aus, das sie alle dann selbst pantomimisch darstellen. *Konfliktszene 1*: Anna und Lena sitzen in der Sandkiste und spielen. Sie haben schon tolle Burgen gebaut und ein ganzes Kanalsystem. Da kommt ein großes Mädchen und sagt: Haut ab, hier

will ich spielen! Dann beginnt sie alles kaputt zu trampeln. *Konfliktszene 2:* Tom und Alex spielen Ball und machen dabei ziemlich viel Lärm. Herr Müller schaut aus dem Fenster und schimpft: Verschwindet mit eurem Ball, ihr Rabauken, ich komme gleich runter und zieh euch die Hammelbeine lang! *Konfliktszene 3:* Lilli will auf den Spielplatz. Max versperrt ihr den Weg: Hier kommst du nicht durch!

- **Etwas Gutes füreinander tun:** Partnerweise. Ein Kind liegt zusammengerollt auf der Matte und stellt sich schlafend. Das andere Kind hat die Aufgabe, das schlafende Kind zu wecken. Es darf dabei lauter nette Dinge tun, die es dazu bringen, aufzustehen. Es soll aber nicht reden. Fühlt sich das liegende Kind wohl und gut behandelt, wacht es auf. Anschließend Rollentausch.
- **Eine Wüterichhöhle bauen:** Die Kinder bauen im Team eine Höhle aus vielen Decken und Kissen. Diese Höhle ist für den Rückzug bestimmt. Wer sauer, traurig oder beleidigt ist, kann sich in diese Höhle zurückziehen. Dort darf man „Dampf ablassen", frei vor sich hin maulen, auf die Kissen hauen und schimpfen.

5.8 Bewegung und Musik, Rhythmus und Tanz

Tanzen ist wie Singen mit dem Körper (Unbekannt).

Räumliche Bewegungsanregungen bewirken im Rahmen von Rhythmik und Tanz eine Förderung der Konzentration und der Bewegungsqualität. Im Umgang mit Alltagsmaterialien und kleinen Handgeräten verbessern die Kinder ihr Gefühl für Körper, Rhythmus und Raum. Im Tanz lernen sie, sich rhythmisch zur Musik zu bewegen sowie individuelle Darstellungs- und Ausdrucksmöglichkeiten zu finden. Jeder Mensch verfügt über musikalische Erlebnisfähigkeit und verspürt den Wunsch, sich durch Musik auszudrücken und mitzuteilen. Kinder lassen sich gerne durch Musik inspirieren. Es macht ihnen Spaß, sich nach Musik zu bewegen. Im Tanz können Kinder Bewegung und Musik als Einheit erleben, durch die sie ihren Empfindungen und Erlebnissen Ausdruck verleihen. Bewegung kann durch Musik angeregt und verstärkt werden. Klänge, Töne und Rhythmen werden wahrgenommen und unmittelbar mit dem Körper ausgedrückt.

Vor allem bei jüngeren Kindern sind Musik, Tanz und Sprache noch unmittelbar miteinander verbunden. Musik und rhythmische Begleitung fordern ein Kind zu spontaner Bewegung auf. Sie schwingen und drehen sich beim Musik hören und begleiten ihre Bewegungen oftmals durch Sprachspiele. Sie wippen gerne mit ihrem Körper, klatschen in die Hände und setzen den Rhythmus in körperliche Bewegung um.

Bewegung in Lern-, Förder- und Entwicklungsbereichen

Impulse zur rhythmischen Anpassung der Bewegung können gegeben werden durch Verse und Fingerspiele, Sprechreime, Klanginstrumente und Geräuschmaterialien, körpereigene Instrumente wie Klatschen, Stampfen und mit den Fingern schnippen, eigenes Singen sowie vorgegebene Musik.

Tipp: Variieren Sie die Grundformen der Fortbewegung im Hinblick auf die Art der Bewegung und im Hinblick auf die Dimensionen von Zeit, Raum, Dynamik und Gruppierung. Auf der Grundlage einfacher Tanzformen können so komplexe Tänze gestaltet werden.

5.8.1 Spiel-, Tanz- und Rhythmusübungen

- **Erfindung Klatsch-Rhythmus:** Kreisaufstellung. Jedes Kind klatscht einen selbst erfunden Rhythmus vor. Die anderen Kinder machen den Klatsch-Rhythmus nach (Rhythmuskette). *Variation:* partner- und gruppenweise Rhythmen erfinden.
- **Konzentrationskette:** Alle Kinder stehen im Kreis. Das erste Kind führt eine beliebige Bewegung (z.B. Kopfnicken) verbunden mit einem Geräusch (z.B. Händeklatschen) vor. Das nächste Kind wiederholt dieses Kopfnicken-Händeklatschen und fügt eine neue Bewegung-Geräusch-Kombination (z.B. kreisender Arm plus Summton) hinzu. Jedes weitere Kind ahmt alle vorangegangenen Varianten nach und fügt jeweils eine neue hinzu. *Variation:* In der Tierwelt lassen sich viele Vorbilder für Kombinationskünstler finden: der Elefant stampft und trompetet lauthals, der Vogel pfeift und schwingt die Flügel (Arme) und der hüpfende Frosch quakt. *Tipp:* Diese Übung verlangt ein hohes Maß an Konzentration. Es ist daher ratsam mit einer vorbereitenden Spielvariation, wie z.B. die „Rhythmuskette" zu beginnen. Erst wenn die Kinder darin geübt sind, können sie sich an die kombinierte Konzentrationskette wagen.
- **Rhythmus einhalten:** Nach Musik oder Klatschen die Fortbewegungsgeschwindigkeit regulieren, wie schnelles Klatschen (schnelles Gehen), langsames Klatschen (langsames Gehen). *Variation:* verschiedene Fortbewegungsformen wie Laufen, Hüpfen, Schleichen, Kriechen, Zehengang; Einsatz unterschiedlicher Medien.
- **Zeitlupe:** Jedes Kind bewegt sich möglichst langsam in Zeitlupe durch den Raum. *Variation:* zu zweit als „Schatten" bewegen; langsam – schnell im Wechsel.
- **Winterballett:** Die Natur gibt wunderschöne Rhythmen vor, die bei aufmerksamer Wahrnehmung leicht von Kindern in Bewegung nachgeahmt werden können. Habt ihr schon mal Schneeflocken beobachtet, wie sie zur Erde sinken? Leise fallen sie vom Himmel oder tanzen wild vom Wind aufgewirbelt und bei Windstille sinken sie langsam kreisend zu Boden.

- **Orchesterdirigent:** Zunächst denken sich mehrere Kindergruppen (je 3-4 Kinder) verschiedene einfache rhythmische Motive aus. Eine Gruppe klatscht z.B. langsam in die Hände, eine andere stampft schnell mit den Füßen auf, eine dritte Gruppe schlägt im Takt auf ihre Oberschenkel. Jede Gruppe studiert gründlich ihren Rhythmus ein. Das Konzert beginnt, die Musiker versammeln sich! Nun betritt ein zuvor bestimmtes Kind als Orchesterleiter den Raum und dirigiert nach Belieben das Orchester. Dabei darauf achten, dass jede Gruppe den vereinbarten Takt hält.
- **Inseln:** Es werden mehrere Inseln, z.B. aus Turnmatten, Planen, Reifen ausgelegt. Alle Kinder bewegen sich durch den Raum. Bei Signal (Klatschen, Pfeife, Gong, Musik-Stopp) versuchen möglichst viele Kinder auf einer Insel unterzukommen. Dies gelingt nur, wenn sich die Kinder gegenseitig behilflich sind. *Variation:* Inseln aus verschiedenen Materialien (kleiner Kasten, Turnmatte, Reifen).
- **Melodie-Rhythmus:** Mit einer Handtrommel oder einem Xylophon wird eine einfache Melodie vorgespielt, die deutlich Laufschritte anzeigt. Die Kinder versuchen, mit ihren Händen und Füßen (klatschend, klopfend, stampfend) die Melodie zu begleiten.
- **Schnipp-Spiel:** Auf ein Lied führen alle Kinder gemeinsam einen bestimmten Rhythmus durch, z.B. acht Takte „klatsch, klatsch, klatsch-klatsch-klatsch, klatsch, klatsch, klatsch-klatsch-klatsch". Diesen Rhythmus verfolgen die Kinder mit Schnippen, mit Klatschen, mit Klatschen auf die Oberschenkel, mit Tippen der Füße auf den Boden, mit einem „Sch" und mit einem „S". Die Kinder bilden zwei Gruppen. Gruppe 1 klatscht vier Takte – Gruppe 2 klatscht vier Takte. Danach wird alles von allen Kindern gemeinsam durchgeführt.

5.8.2 Musik und Bewegung im Raum

- **Frühlings-Erwachen:** Die Kinder stellen „kleine Bären im Winterschlaf" dar. Zu einer rhythmischen Musik erwachen nach und nach auf Zuruf die einzelnen Körperteile: der kleine Finger, die ganze Hand, Arme, Kopf, der ganze Körper. Wenn die Bären richtig aufgewacht sind, tanzen sie nach der Musik einen Bären-Tanz.
- **Reaktionsübung zur Musik:** Die Kinder laufen, schleichen, stampfen und hüpfen im Wechsel zur passenden Musik. Auf Zuruf bewegen sich die Kinder rückwärts.
- **Formen laufen:** Die Kinder laufen zur Musik in Bogen, Kurven und Kreisen. Bei Musik-Stopp bleiben die Kinder stehen.

Bewegung in Lern-, Förder- und Entwicklungsbereichen

- **Gehen – stehen – drehen:** Die Kinder sollen frei im Raum umhergehen. Durch Blickkontakt sucht sich jedes Kind ein anderes Kind, um mit ihm gemeinsam durch den Raum zu gehen (anfassen, hintereinander, nebeneinander, sich an Partner anlehnen). *Variation:* Partnerspiel im Stehen: Mit Oberkörper, Armen, Händen und Füßen des Partners verschiedene Bewegungen ausführen; Partnerspiel zum Drehen: langsam beginnend verschiedene Drehvarianten mit dem Partnerkind ausprobieren, dabei räumliche Gegebenheiten nutzen.
- **Mir nach!** Die Kinder bewegen sich auf Musik oder einem vorgegebenen Takt im Raum. Bei Musik-Stopp ruft ein Kind: Mir nach! und bewegt sich auf eine beliebige Weise durch den Raum, z.B. schleichend, hüpfend, hinkend, auf allen Vieren. Die anderen Kinder bilden eine Kette hinter dem „Ausrufer-Kind" und ahmen die vorgegebene Bewegung nach. Sobald die Musik wieder einsetzt, lösen die Kinder die Bewegungskette auf und bewegen sich wieder frei durch den Raum. Rollenwechsel, so dass jedes Kind mit Rufen einmal an der Reihe ist.
- **Bändertanz:** Als Bänder können Krepp-Papierstreifen oder Gymnastikbänder dienen. Zu einer schönen Musik können sich die Kinder nach Lust und Laune frei bewegen. *Variation:* schnelle und langsame Musikstücke im Wechsel.
- **Tüchertanz:** Die Kinder tanzen als „Zwerge" mit Chiffontüchern zur Musik. Bei Musik-Stopp kommt ein „Riese". Da machen sich alle Zwerge ganz klein und legen sich auf ihr Tuch auf den Boden.
- **Instrumententanz:** Die Kinder bilden zwei Kreise, einen Innen- und einen Außenkreis. Im Innenkreis stehen fünf Kinder, die sich je ein Rhythmusinstrument aussuchen dürfen. Die Kinder im Außenkreis stellen die Tänzer dar, die je nach gespieltem Instrument eines im Innenkreis befindlichen Kindes folgende Bewegungen ausführen: Glockenspiel (sich an den Händen fassen und im Kreis gehen); Pauke (in die Hocke gehen und im Entengang watscheln); Pfeife (auf einem Bein im Kreis herum hüpfen); Handtrommel (fest mit den Füßen aufstampfen und in die Hände klatschen); Rassel (mit den Finger schnippen und sich um sich selbst drehen). *Anmerkung:* Bevor das Spiel beginnt, wird mit den Kindern die Rhythmen festgelegt, die auf den jeweiligen Instrumenten gespielt werden sollen, sowie einen Ablauf für die Reihenfolge der Instrumenteneinsätze und die entsprechenden Bewegungen. Wenn es den Kindern gelungen ist, diesen Ablauf einige Male hintereinander flüssig auszuführen, findet ein Rollenwechsel statt. Dabei tauschen die Tänzer und Musikanten ihre Plätze und Rollen und ein neuer Rhythmus- und Bewegungsablauf wird festgelegt.

Bewegung in Lern-, Förder- und Entwicklungsbereichen

5.9 Bewegung und Kunst – bildnerisches Gestalten, Spiel und Aktion

Kunst ist etwas (so) Körperliches wie der Fingerabdruck (Gottfried Benn).

Kinder sind in ihrer Umgebung ständig mit Veränderungen durch Bewegung konfrontiert, durch die sie Raum und Zeit erleben. Auch im bildnerischen Bereich tritt Bewegung in vielfältiger Weise auf. Über die Bewegung werden bildnerische Vorgänge geformt, die in einfachen Zeichen- und Malspuren (z.B. beim Kritzeln) und schließlich in der Ausdifferenzierung von Formen und Figuren sichtbar werden. Bildnerische Mittel wie Linien, Formen und Farben entstehen danach durch körpereigene Bewegungen (grob- und feinmotorischer Art) und vermitteln Bewegungseindrücke in zweidimensionalen Darstellungen.

Bewegung kann aber auch unmittelbar im Prozess des Handelns als Rhythmus erfahren werden. Dies zeigt sich insbesondere in Aufgaben, in denen rhythmisches Körpergefühl weitgehend losgelöst von gegenständlicher Darstellung die Gestaltung bestimmt und damit Bewegung im Raum ausdrückt. In der Bewegungserziehung betrifft das Moment der Bewegung z.B. unterschiedliche Bewegungsarten und Tanzformen.

In Verbindung mit Kunst bietet der Bereich Spiel und Aktion besondere Bewegungsmöglichkeiten: der Akteur wird Teil des künstlerischen Prozesses. Im Spiel mit bewegten Figuren und Personen stehen nonverbale Mittel (z.B. Gestik, Mimik, Maske, Kostüm, Attribute) im Vordergrund. Die Aktion gilt als Erweiterung des Spiels, wobei z.B. mit vielfältigen Materialien und Gegenständen kreativ und prozessorientiert umgegangen wird. Schwerpunkt ist experimentierendes und veränderndes Handeln. Das Kind erlebt sich über das Spielen, Bewegen und Darstellen als Person, die in eine andere Rolle schlüpfen kann, und erweitert somit seine körpersprachlichen Ausdrucksmittel.

Tipp: Damit sich die Motorik der Kinder bei einer Gestaltungsaktion entfalten kann, sind große Formate und Freiräume nötig. Auch erweist es sich als sinnvoll, größere Spiel- und Aktionsvorhaben in Projektform durchzuführen. Da die gestalterischen Mittel sehr vielseitig sind, können mehrere Bereiche mit einbezogen werden: Sprache, Mimik, Gestik, Musik, Tanz, flächiges und räumliches Gestalten.

5.9.1 Bildnerisches Gestalten

- **Formkneten:** Einem Kind werden die Augen verbunden. Ein anderes Kind legt ihm eine Knetfigur vor, die es ertastet und dann blind nachformt.
- **Bewegungsspiele mit Farbe:** Farbe lässt sich mit dem Handfeger oder

mit einem in Farbe getauchten Pinsel schwungvoll über das Papier schleudern, mit einem Spachtel verschieben oder mit den Händen bzw. Füßen verteilen. Über das Bild gekippte Farbe sucht sich beim Bewegen des Papiers ihren eigenen Weg (Schwerkraft). Mit einem Becher, in dessen Boden ein Loch gestanzt wurde, kann man verdünnte Farbe aufs Bild tropfen (Farbdripping). Mit der Gießkanne können Spuren und Linien in einem Zug über lange Papierbahnen gezogen werden. Mit einem Strohhalm, dünnem Gummischlauch oder mit einer Luftpumpe kann Farbe verblasen oder verpustet werden.

- **Bewegungsspuren auf Kleisterpapier:** Auf großformatiger Tapete wird mit den Händen Kleister verteilt (Untergrund mit einer 3-4 mm dicken Kleisterschicht bedecken). In die Mitte des Kleisterpapiers wird flüssige Farbe verteilt und diese mit dem Kleister vermischt, um die Bewegungsspuren deutlich sichtbar zu machen. Indem Kinder mit ihren Fingern auf Papier mit weichem Kleistergrund zeichnen, erfahren sie, dass bereits kleinste Bewegungen Spuren hinterlassen. Beim beidhändigen Zeichen entstehen wie von selbst symmetrische Figuren und Formen. Ein spielerisches Experimentieren mit verschiedenen Linienformen wird möglich, da jederzeit das vorläufige Ergebnis mit der Hand durch einfaches Darüberstreichen gelöscht werden kann. *Variation:* statt Papier können auch alle glatten Flächen wie Tische oder Resopalplatten als Malgrund dienen, die anschließend wieder gereinigt werden.
- **Zeichenspuren:** Auf Papierrollen (z.B. Tapete, Endlospapier) werden unterschiedliche Zeichengeräte erprobt, die eine schwarze Spur erzeugen. Verschiedene Linienformen (Zickzack, gewellt, gerade) und Grundformen (Kreis, Rechteck, Dreieck) oder einzelne Buchstaben bieten weitere Anlässe zum Erproben von verschiedenen Zeichengeräten und Zeichenspuren. *Variation:* ein Zeichengerät und verschieden strukturiertes Papier anbieten.
- **Schneckenlinienspiel:** Wer hat die meisten „Schnecken" auf seinem Blatt? Mit der Linie soll so lange im Kreis herum gelaufen werden, bis es nicht mehr weiter geht (Spirale zum Mittelpunkt zeichnen). Nach der ersten Schnecke macht die Linie einen großen Satz über die Spiralform hinweg, läuft zum nächsten freien Platz und fängt von vorne an.
- **Zwei-Hände-Spiel:** Ich habe in jeder Hand einen Stift und meine Linien spielen Nachlaufen! *Tipp:* Papier auf dem Tisch mit Klebeband befestigen. Zur Beobachtung der unterschiedlichen Linienspuren sollten die Stifte unterschiedlich sein (z.B. Wachsstift und Bleistift).
- **Partnerlinienspiel:** Zwei Kinder spielen zusammen ein Linienspiel, wobei das eine Kind mit einer Linie beginnt und das andere Kind diese verfolgen soll. *Tipp:* gegenüber sitzen. Das Papierformat sollte Tischgröße haben und mit Klebeband befestigt sein.

- **Linienspiele auf dem Gelände:** Alle Linienspiele auf Papier lassen sich auch mit Pflasterkreide auf dem Kindergartengelände oder auf Spielstraßen durchführen. Die unterschiedlichen Zeichenspuren sind hierbei nicht mehr wesentlicher Inhalt, sondern die Ausdehnung der Spur in der Fläche. Wichtig ist zudem die größere Bewegungsfreiheit, die damit verbunden ist. *Tipp:* Die Kinder sollten Gelegenheit haben, ihr Werk von oben zu betrachten und zu kommentieren.
- **Langes Linienbild:** Eine lange Papierbahn wird mit Klebeband auf mehrere hintereinander aufgestellte Tische befestigt. Zunächst sind zwei Kinder beteiligt, die an den entgegen gesetzten Enden der Papierbahn mit ihrer Linienspur beginnen und dann mit ihrer Linie bis zum anderen Ende laufen, wo die Spur aufhört. Jedes Kind wählt seine Lieblingsfarbe für seine eigene Linie (z.B. Wachsstifte oder Buntstifte) *Tipp:* Da nur wenige Kinder gleichzeitig an dem Bild arbeiten können, sollte ein ganzer Vormittag eingeplant werden, damit alle Kinder abwechselnd die Gelegenheit erhalten ihre Linienspur zu zeichnen. *Variation:* Auf einem langen Spaziergang die Frage stellen, was die Linie alles machen kann (hüpfen, im Zickzack gehen, Schleifen laufen, Treppen steigen).
- **Äste werfen:** Auf dem Boden liegt ein heller Karton oder eine grundierte Leinwand (ca. 2x2m). Die Kinder werfen gesammelte Stöcke auf den Bildträger und begutachten das dunkle Liniengerüst von allen Seiten. Das Werfen und anschließende Begutachten kann mehrmals wiederholt werden. Wenn den Kindern ein Wurfergebnis besonders gut gefällt können die Bewegungsrichtungen nachgelaufen und/oder nachgemalt werden. Die Hölzer bleiben dabei liegen und werden vorsichtig umrandet.

5.9.2 Kunstaktionen

- **Skulptur-Automaten:** Die Kinder bilden eine lebende Gruppenskulptur, wobei jedes Kind eine „eingefrorene" Bewegungsstellung einnimmt. Für eine kurze Zeit wird eine schnelle Musik eingespielt, bei der sich die Kinder schnell bewegen. Beim Ausschalten der Musik wird wieder die unbewegte Stellung eingenommen. Dieser Vorgang lässt sich beliebig oft wiederholen und durch verschiedenartige Musikstücke variieren.
- **Ein Bild nachbilden:** Mehrere Kinder stellen eine Personengruppe aus einem Gemälde nach. Dazu müssen die Haltungen der abgebildeten Personen genau beobachtet werden. *Variation:* Musik- oder Tanzvideo an einer Stelle stoppen und die Positionen von den Kindern nachbilden bzw. einnehmen lassen.
- **Malen mit Sand-Schaukel im Freien:** Im Garten wird zwischen zwei Bäumen eine Hängematte angebracht. Darunter wird eine große Folie mit

Sand ausgebreitet. Einige Kinder legen sich quer mit dem Bauch auf die Hängematte (Arme und Beine sind frei). Die Hängematte wird leicht in Schwingung versetzt. Auf Zuruf sollen die Kinder die entsprechenden Zahlen, Bilder und Formen mit ihren Fingern in den Sand malen.
- **Malen zur Musik:** Eine große Packpapierzeitung oder Tapetenrolle wird an der Wand befestigt. Zu einer schwungvollen, dynamischen Musik (z.B. „Bolero" von Ravel) malen die Kinder beidhändig mit Farbkreiden oder Fingerfarben und machen freie Bewegungen zur Musik. *Variante:* aus freien Bewegungen allmählich eine geschlossene Form finden, die zur Musik wiederholt werden kann (eine „freie Dirigierform" entwickeln). Diese Übung auch im Stehen mit offenen und/oder geschlossenen Augen durchführen oder als Partnerübung, wenn die Musikauswahl deutlich zwei Soloinstrumente betont, die abwechselnd und/oder gemeinsam dargestellt werden können.
- **Tanz der Elemente:** Die vier Elemente werden durch Bewegung und Tanz in Verbindung mit fantasievollen Kostümen dargestellt. Das Element Erde wird als rotierender Erdball vorgeführt: die Erdscheibe aus Pappe am Körper befestigen und bedächtige Drehungen im Raum ausführen. Beim Element Luft (weiße Kleidung, Körper in transparente Folie gehüllt) wird beim Laufen die Folie in aufbauschende und wirbelnde, den Luftzug andeutende Bewegungen versetzt. Fließendes Schreiten, Wellenbewegungen mit den Händen und ein blaues Kostüm stellen das Element Wasser dar. Die Bewegungsschritte beim Element Feuer (orangefarbenes Kostüm mit feuerfarbenen Bändern) gehen vor und wieder zurück (Vor- und Zurückweichen des Feuers).
- **Karnevals-Umzug:** Die Kinder bilden zwei Mannschaften. Jedes Team erhält einen Karton mit Anziehsachen zum Verkleiden: Hose, Hemd, Jakke, Gürtel, Krawatte, Hut oder Schminkstift. Die beiden ersten Läufer beginnen nach dem Startkommando sich so schnell wie möglich anzukleiden. Mit dem Schminkstift bekommt jedes Kind einen Vollbart. Die verkleideten Kinder stellen den linken Fuß über den rechten und tippeln so bis zu einer Wendemarke und wieder zurück. Danach werden die Sachen ausgezogen und an das nächste Kind weiter gegeben. Welche Mannschaft ist die schnellste, welche hat sich beim Rennen am lustigsten verkleidet?
- **Bewegungsspiele mit Zeitungen:** Mit Zeitungen können eine Vielzahl von Spielformen erprobt werden, die zu Bewegung im Raum führt: Mit Zeitungsflügeln fliegen; auf einem Zeitungsblatt Schlittschuh fahren; mit einem Zeitungsblatt auf der Brust laufen, ohne es festzuhalten (Luftwiderstand nutzen); Zeitungsblatt auf dem Boden liegend wird zum Bewegungsanlass für Hüpfen, Laufen, Springen, Tanzen, einen Zeitungssumpf durchwaten und zum Schluss sammeln die Kinder die Zeitungen ein – ganz ohne Hände!

Bewegung in Lern-, Förder- und Entwicklungsbereichen

5.10 Bewegung und Rechenspiele – Zahlen lernen

Die Mathematik ist eine wunderbare Lehrerin für die Kunst, die Gedanken zu ordnen, Unsinn zu beseitigen und Klarheit zu schaffen (Jean-Henri Fabre).

Mathematische Fähigkeiten sind für die Strukturierung der Umwelt von großer Bedeutung. Ausgangspunkt für das Erfassen von Wirklichkeit ist die Orientierung im Raum. In ihrer Umgebung begegnen Kinder täglich einer Fülle von Gegenständen und Objekten unterschiedlicher Form, Größe und Farbe. Um sich in der Welt zurecht zu finden, müssen sie dieser unüblichen Vielfalt Ordnung geben. Dies geschieht, indem die Kinder lernen, Aspekte der Lebenswirklichkeit mit Hilfe mathematischer Zusammenhänge und Begriffe zu strukturieren: sie vergleichen, unterscheiden, klassifizieren, bilden Gruppen und Reihen.

Auch im Alltag spielen Zahlen eine wichtige Rolle. Ein zunehmend sicherer Umgang mit Zahlen und die Erweiterung des Zahlenraumes gehen mit wachsender Selbstständigkeit im alltäglichen Leben einher. Durch vielfältige Erfahrungen im Umgang mit unterschiedlichen Größen lernen die Kinder Geldwerte, Längenmaße, Gewichte, Flächen und Hohlmaße kennen. Sie schätzen und bestimmen Werte. Sie vergleichen die Größen direkt und indirekt miteinander. Dabei gewinnen sie Sicherheit in der Verwendung der verschiedenen Maßeinheiten.

Im Kindergarten geht es im mathematischen Bereich im Wesentlichen um folgende Elemente:
- Erforschen von Materialien (zählbare und wiegbare Materialien), z.B. durch den Einsatz verschiedener Handgeräte,
- räumliche Verhältnisse (Positionen und Richtungen verstehen), z.B. durch Lauf- und Orientierungsspiele im Raum, durch Körperwahrnehmungsübungen, durch Benennung der Körperteile,
- Klassifizierung (Ähnlichkeiten und Unterschiede erkennen) und Muster (Anordnung bestimmter Formen oder Gegenstände), z.B. durch Spiele mit dem Bierdeckel, Körperwahrnehmungsübungen, Muster in der Natur oder in der Musik,
- Eins-und-Eins-Bezug (Objekte können zugeordnet und gepaart werden), z.B. durch Kindermemory, Händeklatschspiele, Statuen nachbauen, Reise nach Jerusalem, Anordnung von Objekten, die sie in der Natur sammeln, Zweierfang,
- Anordnen (Objekte in Reihenfolgen ordnen), z.B. durch Aufstellung der Kinder nach der Größe in einer Blinden Reihe, Spielen mit verschiedenen Bällen, den Körper mit einem Seil nachlegen und ausprobieren, sich hineinzulegen, Weitsprung, Wahrnehmungsspiele wie die Waage (Bierdeckel),

- Rechnen mit Zahlen Eins bis Fünf (Beziehung zwischen Zahlen verstehen, Mengen verstehen), z.B. durch das Atomspiel, Laufspiele zu Zweien oder zu dritt, Wohnungswechsel (Reifen),
- Formen (Erkennen geometrischer Figuren und deren Merkmale), z.B. durch Seile in Formen legen, in verschiedenen Formen aufstellen, Spiele mit Reifen (Kreis), Bauen mit Karton oder Schaumstoffrollen,
- Rechnen mit den Zahlen 6-10 (Beziehung zwischen Zahlen sechs bis zehn), z.B. durch das Atomspiel, Ziffern ablaufen, Würfellauf, Hans dreh dich um (Variante: Kaiser wie viele Schritte darf ich gehen? Kaiser nennt Zahl zwischen 1-10),
- Teilen (Objekte in gleich große Teile aufzuteilen), z.B. durch Laufspiele zu viert-zweit, sechst-dritt,
- Messen (Dinge messen, Merkmale beschreiben anhand einer zuvor festgesetzten Einheit), z.B. Länge und Breite abschreiten, Ziel mit geschlossenen Augen erreichen, Wie viele Schritte brauche ich für eine bestimmte Strecke im Gehen (Laufen)? Körper oder Schritte legen (z.B. mit Seile, Stäbe, Bierdeckel), Vergleich Schritt – Meterstab oder Körperwiegen,
- Zeit und Geld (Zeit als Maßeinheiten, Geld als Tauschmittel kennen lernen, Vorstellung vermitteln), z.B. durch Bewegungsgeschichte „Ablauf des Tages", Uhrzeiten springen mit Reifen.

5.10.1 Spiel- und Übungsformen zum Zahlen lernen

- **Papagei:** Erstes Zählen, ohne dabei Zahlen zu nennen: Als Vorgabe wird z.B. 3x in die Hände geklatscht. Die Kinder sind die „Papageien". Sie müssen gut aufpassen und dann genauso oft in die Hände klatschen wie bei der Vorgabe. Jedes Kind darf mehrmals vorklatschen, und muss dabei höllisch aufpassen, dass die anderen Papageien richtig antworten. *Variation:* Statt des Klatschens können auch andere Geräusche, wie Stampfen, Fingerschnippen, Räuspern, Piepsen, Quaken nachgeahmt werden.
- **Mengenlehre – mehr, weniger oder gleich viel Punkte:** Gespielt wird reihum in Kreisaufstellung, mit zwei verschiedenen Schaumstoffwürfeln. Das erste Kind wird aufgefordert, den ersten Würfel zu würfeln. Dieser Würfel bleibt solange auf dem Boden liegen bis das nächste Kind den anderen Schaumstoffwürfel geworfen hat. Nun werden die gewürfelten Augenzahlen beider Kinder verglichen. Als Hilfestellung kann in den ersten Runden das jeweils gewürfelte Vergleichsergebnis vorgegeben werden, z.B. gewürfelt wurden 2 und 4. Der Würfel mit der Augenzahl 4 hat mehr Punkte als der erste Würfel mit der Augenzahl 2. Damit hat die Zahl 4 gewonnen. Das Gewinner-Kind bekommt hierfür einen Klebepunkt auf seinen Handrücken aufgeklebt. Es wird reihum weitergespielt und der Punktevergleich

mehr und mehr den Kindern überlassen. Sobald ein Kind sechs Klebepunkte auf der Hand hat, ist der Sieger ermittelt. Die anderen Kinder vergleichen die Punkteanzahl auf ihren Händen mit denen der anderen Kinder.
- **Abzählreim:** 1, 2, 3, 4, 5, 6, 7 – eine alte Frau kocht Rüben, eine alte Frau kocht Speck, und du bist weg.
- **Marienkäfertanz:** Es sind 20 große vorbereitete Marienkäferkarten aufgedeckt auf dem Boden ausgebreitet. Zur Musik bewegen sich die Kinder im Raum. Bei Musikstopp bleiben die Kinder an ihren jeweiligen Plätzen stehen. Eine der auf dem Boden liegenden Käferkarten wird in die Höhe gestreckt. Entsprechend der Anzahl der auf dieser Karte abgebildeten Käfer-Alterspunkte finden sich die Kinder in Gruppen zusammen. Dabei nehmen sie sich entweder an die Hand, bilden einen Kreis oder stellen eine beliebige Formation dar. Mit dem Neueinsetzen der Musik lösen sich die Gruppen auf und das Spiel beginnt von vorne.
- **Zahlen erkennen:** Mit den ausgestreckten Fingern wird eine Zahl angezeigt und die Kinder führen entsprechende Anzahl an „Hüpfer" aus. *Variation:* verschiedene Fortbewegungsarten; partner- und gruppenweise; Einsatz von Bildkarten, die Bewegungsreaktionen verlangen; Kästchen mit Zahlen aufkleben, die erhüpft werden können.
- **Perlenschlange:** Perlen auf Schnur (oder dehnfähigen Draht) zu einer Perlenschlange auffädeln. Die Schnurenden zusammenknoten. Aus Perlenschlange verschiedene Zahlenformen legen. *Variation:* Knöpfe anstatt Perlen.
- **Zahlen tasten:** Zu zweit. In verschiedenen Stoffbeuteln befindet sich jeweils eine Zahl aus Holz. Daneben liegen ausreichend Seile oder Schnüre. Das eine Kind ertastet mit den Händen die Holzzahl im Beutel und ruft die ertastete Zahl seinem Spielpartner zu. Der Spielpartner legt oder formt die gerufene Zahl mit den Seilen nach. Im Wechsel.
- **Zahlen spüren:** Die Kinder sitzen hintereinander. Jedes Kind bekommt eine Zahlenkarte in die Hand und schreibt die entsprechende Zahl auf der Zahlenkarte langsam mit dem Finger auf den Rücken des vor ihm/ihr sitzenden Kindes, welches erfühlt und benannt werden soll (für Vorschulkinder).
- **Kinder-Biathlon:** Eine Rundlaufstrecke durch die Halle oder den Kindergarten wird abgesteckt. An Start und Ziel befindet sich das Wurffeld mit Abwurfpunkt und fünf im Abstand von ein, zwei, drei, vier und fünf Metern hintereinander stehender verschieden farbige oder mit den Zahlen eins bis fünf gekennzeichnete Kisten oder Eimer. Jedes Kind erhält nach jeder gelaufenen Runde fünf Pappscheiben (farbig angemalte und/oder mit Zahlen versehene Bierdeckel) zum Zielwerfen. Insgesamt drei Laufrunden muss jedes Kind absolvieren. Nach jeder Laufrunde versucht jedes Kind seine fünf Scheiben in die richtigen, auf dem Boden stehenden

Kisten zu werfen. Pro Fehlwurf absolviert das Kind eine kurze Strafrunde. Welches Kind ist nach vier absolvierten Runden als Erstes im Ziel? *Variation:* Anstatt Strafrunden gibt es für jeden gelungenen Wurf einen Punkt. Wer hat zum Schluss die meisten Punkte (Treffer) gelandet?
- **Staffelspiel:** Staffelaufstellung. Aufteilung der Kinder in vier Gruppen. Jede Gruppe steht für eine Farbe oder für eine Zahl von 1-6. Die Farb-Zahlen-Spielkarten liegen durcheinander verdeckt in der einen Hallenecke, die Kinder stellen sich in der anderen Hallenecke auf. Nacheinander rennen die Kinder zu den Spielkarten und decken eine Farbenkarte auf. Ist die aufgedeckte Spielkarte in der eigenen Gruppenfarbe, darf die Karte mit zurück zur Gruppe genommen werden, wenn nicht, dann wird die Karte wieder umgedreht und ohne Karte zurück gerannt. Siegermannschaft ist, welche als erste alle Farbkarten bei sich zuhause hat. *Variation:* Anstatt der zugewiesenen Gruppenfarbe müssen Karten mit der richtigen Gruppenzahl aufgedeckt und ins Ziel gebracht werden.

5.10.2 Zahlen lernen von 1–6 mit Würfel-Laufspiele mit großem Schaumstoffwürfel

- **Würfel-Käfer-Tanz:** Statt sich analog dem Spiel „Marienkäfertanz" im Kreis oder in einer freien Formation entsprechend der Anzahl der Käfer-Alterspunkte aufzustellen, positionieren sich die Kinder in den Gruppen entsprechend der Anordnung der Augen auf dem Würfel. *Tipp:* Zur Veranschaulichung empfiehlt es sich, die Anordnung der Augenzahlen zuvor mit Hilfe eines großen Schaumstoff-Würfels zu besprechen.
- **Zahlen-Spiel:** Teppichfliesen (Reifen, Zeitungsblätter) werden im Raum verteilt ausgelegt. Auf jeder Fliese wird eine Zahlenkarte von eins bis sechs ausgelegt. Ein Würfel bestimmt die Zahl zu der alle Kinder laufen. *Variation:* mehrere Teppichfliesen mit Karten einer Zahl auslegen; Kinder laufen zu Musik um die Zahlenfelder herum, bei Musik-Stopp wird gewürfelt.
- **Farb-Spiel:** siehe „Zahlen-Spiel", allerdings werden Farbkarten und ein Farbwürfel benutzt.
- **Rundenlauf:** Es wird eine bestimmte Rennstrecke abgesteckt, z.B. mit Hütchen oder Teppichfliesen als Markierung. Aufgabe ist es nun, so viele Runden zu rennen, wie der Würfel anzeigt. *Variation:* Bei der Zahl 6 (noch einmal würfeln); bei 1 (rückwärts laufen); bei 2 (zu zweit laufen).
- **Würfellauf:** Mehrere Hütchen bilden entweder ein Rechteck (Kreis). Maximal sechs Kinder stehen an einem Hütchen. Die gewürfelte Augenzahl gibt die Anzahl der Kinder an, die einmal um das Rechteck laufen.
- **Zahlenakrobatik:** Den Würfelzahlen werden verschiedene Körperhaltungen zugeordnet, z.B. 1 (ausgestreckt auf den Boden legen); 2 (in die Hock-

position gehen); 3 (auf dem Rücken legen und Beine in die Höhe strecken); 4 (in den Vierfüßlerstand gehen); 5 (stehend mit den Fingerspitzen den Boden berühren); 6 (mit nach oben gestreckten Armen aufrecht stehen). Der Reihe nach wird gewürfelt.
- **Monster würfeln:** Jeder Würfelzahl wird eine Aufgabe zugeordnet, z.B. 1 (auf einem Bein hüpfen); 2 (auf zwei Beinen hüpfen und sich dabei um die eigene Achse drehen); 3 (springen wie ein Hampelmann); 4 (wie ein Frosch hüpfen); 5 (auf dem Boden kriechen). Die Augenzahl 6 weckt das „Monster" auf, welches schnell versucht, ein Kind zu fangen.

5.10.3 Zahlen lernen 1-6 mit Zahlenkarten – Laufspiele

- **Zahlen-Freunde:** Die Kinder bewegen sich auf eine Musik im Raum. Bei Musik-Stopp müssen sich immer so viele Kinder zu einer Gruppe („Freunde") zusammen finden, wie die hochgehaltene Zahlenkarte anzeigt.
- **Zahlen-Klettern an Sprossenwand:** An den untersten 6 Sprossen werden die Zahlenkarten 1-6 befestigt. Kinder bewegen sich im Raum. Auf einen Zahlenruf (Fünf, Zwei, Eins, Sechs …) hin, rennen die Kinder zur Sprossenwand und steigen so viele Sprossen auf und ab wie aufgerufen. Die Kinder werden aufgefordert, bei jeder Klettersprosse mitzuzählen und sich die Zahlen anzuschauen.
- **Bierdeckel-Garten:** Bierdeckel werden mit Zahlen beschriftet und auf einem Feld von ca. 5x5 m in großer Anzahl ausgestreut. Vor jedem Durchgang wird jeweils ausgewürfelt, welche Ziffern ausschließlich betreten werden dürfen. *Variation 1:* Bestimmte Ziffernfolge festlegen, die ausschließlich betreten werden darf, z.B. 1 – 4 – 5; *Variation 2:* die berührten Bierdeckel-Zahlen addieren oder eine bestimmte Zahlensumme bilden und ablaufen.
- **Bierdeckel-Augen einsammeln:** Auf den im Bierdeckel-Garten ausgelegten und mit Zahlen beschrifteten Bierdeckeln laufen: vorwärts, rückwärts, auf Zehenspitzen, im Vierfüßlergang. Jeder fünfte Bierdeckel darf eingesammelt werden. Am Ende werden die eingesammelten Augenzahlen sortiert und zusammengezählt. Welches Kind hat die höchsten Zahlenwerte?

5.11 Bewegung und Sprachspiele

Jedes Kind hat in sich die Fähigkeit, seine eigene Entwicklung durch eigene Aktivitäten zu vollziehen (Maria Montessori).

Sprache ist das wesentliche Kommunikationsmittel des Menschen. Sie gestaltet zwischenmenschliche Beziehungen und bietet die Möglichkeit, Mitteilungen über Personen und Dinge der Umwelt zu erhalten. Vor dem Gebrauch der Lautsprache stehen die Entwicklung des Sprachverständnisses und das Erkennen der Symbolfunktion von Sprache. Der Erwerb von Sprachverständnis ist ein lang andauernder Prozess. Ob das Verstehen von Sprache gelingt, ist oft schwer zu überprüfen. Sprache wird von Kindern zunächst undifferenziert wahrgenommen. Erst nach und nach werden sprachliche Symbole zunehmend mit Bedeutung gefüllt. Kinder erfahren, dass Sprache Identität kennzeichnet, durch Sprache Gefühle und Wünsche ausgedrückt werden können und dass Sprache die Gestaltung von Beziehungen, Wissensvermittlung und kreative Entfaltung ermöglicht.

Tipp: Um die Aufmerksamkeit auf Sprache zu lenken, ist es wichtig, die Kinder individuell anzusprechen. So sollen die Kinder immer wieder zu Verbalisierung angeregt und angeleitet werden. Zum Umgang mit Sprache gehört auch, die sprachlichen Ausdrucksmöglichkeiten im Alltag aktiv und selbstbewusst einzusetzen. Die aufgezeigten Übungsbeispiele lassen sich auf spielerische Art sehr gut in den Tagesablauf integrieren und sind vor allem dann hilfreich, wenn sie häufig wiederholt den Kindern angeboten werden. Der Einsatz von Lautsprache, Körpersprache, Handlungen, Bildern, Symbolen und Signalen ermöglicht es, auf unterschiedlichen Ebenen zu kommunizieren und sich mitzuteilen. Deshalb ist es wichtig – je nach Alters- und Lernniveau der Kinder – verstärkt mit Bildern, Symbolen, Signalen, Lauten und Reimen unterschiedlicher Schwierigkeitsgrade zu arbeiten.

5.11.1 Übungen zur Rhythmisierungsfähigkeit

- **Silben klatschen:** Die Kinder bewegen sich im Raum. Eine kombinierte Bild- und Wortkarte wird von einem Kind gezogen und benannt, wie z.B. „Fahrrad". Alle Kinder klatschen mehrmals die Silben „Fahr-rad" und sprechen dazu.
- **Nachsprechen:** In Kreisaufstellung. Ein Kind zieht eine Bildkarte, zeigt es allen anderen Kindern in der Runde und spricht es langsam vor. Alle Kinder sprechen (flüstern, singen, rufen) das Wort zusammen nach und wiederholen es so lange, bis das Kind einmal den Kreis umrundet hat und wieder an seinem Platz steht.
- **Ein Wort geht auf Reisen:** In Kreisaufstellung. Ein Kind fängt an, eine Bildkarte zu ziehen, benennt den darauf befindlichen Gegenstand und versucht dabei die Silben des Wortes zu klatschen oder zu stampfen. Das Nachbarkind wiederholt dies ebenfalls. Die Reihe wird entsprechend eines Kanons fortgesetzt, bis alle Kinder das Wort gemeinsam sagen und klatschen. Dann kann die Reihe wieder abgebaut werden, bis das erste Kind allein den Begriff nennt.

- **Stille Post:** Die Kinder stehen hintereinander im Kreis (in einer Schlange). Das letzte Kind klopft seinem Vordermann auf die Schulter und benennt einen Begriff. Der Begriff wird jeweils dem Vordermann ins Ohr geflüstert weitergegeben, bis alle den Begriff gehört und ausgesprochen haben. Dann setzt sich die Menschenschlange im passenden Silbenrhythmus mit den Füßen stampfend vorwärts in Bewegung.
- **Die drei Freunde:** Nachfolgende Geschichte wird erzählt. Die Tiernamen werden durch ihre typischen Geräusche ersetzt. Die Kinder sollen die Geräusche erkennen und die dazu passenden Tiernamen nennen. Als Einstieg empfiehlt es sich, den Kindern einige Tiere pantomimisch vorzuspielen, die sie erraten müssen. *Ziel:* Durch das aktive Produzieren von Geräuschen üben die Kinder ihre Artikulation. Die Kinder gehen spielerisch mit den Lautverbindungen um. Sie üben sich in ihrer Mundmotorik und lernen, Geräusche und Bewegungen zu benennen. Die Mitmachgeschichte beginnt: Auf einem Bauernhof mit vielen *Kühen*, vielen *Hühnern*, zwei braunen *Pferden*, einem großen *Hund* und einer schwarz-weißen *Katze* leben glücklich und zufrieden zwei kleine *Mäuse*. Sie führen hier auf dem Bauernhof ein sehr gutes und gefahrloses Leben, denn sie brauchen keine Angst vor der *Katze* zu haben. Die beiden *Mäuse* und die *Katze* sind nämlich gute Freunde. Jeden Morgen, ganz früh, wenn der *Hahn* kräht und der Bauer und die Bäuerin noch schlafen, treffen sich die *Mäuse* und die *Katze* in der Küche, um dort gemeinsam zu frühstücken. Die Speisekarte ist hier jeden Tag anders. Mal finden sie auf dem Fußboden oder auf den Tellern vom Vorabend Brotkrümel, mal Käsereste oder Speck und hin und wieder auch Schinkenreste, Wurst und Milch. Probiert wird alles, und die *Mäuse* und die *Katze* wundern sich, wie gut alles schmeckt. Weil sie richtige Freunde sind, wird alles geteilt. Wenn sie satt sind, dann verschwindet jeder dorthin, wo er am liebsten ist. Erst am nächsten Morgen treffen sie sich wieder zu ihrem gemeinsamen Frühstück. *Variation 1:* Geschichte gemeinsam mit den Kindern nacherzählen; *Variation 2:* die vorkommenden Tiere aufzählen lassen; *Variation 3:* Bewegungen der Tiere vormachen lassen, die die Kinder erraten sollen; *Variation 4:* Tiere beschreiben und erraten lassen.
- **Tiere in Aktion:** Die Kinder stehen im Kreis. Jedes Kind nennt den Namen eines Tieres und ahmt dieses Tier in Bewegung nach. So kann z.B. der Elefant stampfen, der Vogel mit den Armen flattern, der Flamingo auf einem Bein stehen und der Frosch hüpfen. Jedes Kind führt die Bewegung eines Tieres seiner Wahl vor. Das nächste Kind wiederholt den Namen und die Bewegung des Tieres und stellt ein neues Tier vor mit Name und

Bewegung in Lern-, Förder- und Entwicklungsbereichen

neuer Bewegung. So folgt ein Kind nach dem anderen. Jedes weitere Kind in der Kette ahmt alle vorangegangenen Tiernamen und Bewegungen nach und fügt ein neues Tier in Bewegung hinzu. So entsteht ein lustiger Zoo. *Tipp:* Je öfter die Tierkette in Aktion tritt, umso besser behalten die Kinder die Reihenfolge der Namen und Bewegungen. Zudem auf die genaue Aussprache der Tiernamen achten. *Variation:* erweiterte Themenvorgabe, z.B. „Berufe in Aktion".

- **Der schnelle Dieb:** Eine Reihe von verschiedenen Gegenstände, z.B. Schuh, Löffel, Tuch, Kamm, Schere, Tasse oder Ball liegen auf dem Tisch oder auf dem Boden. Ein Kind ruft beispielsweise laut und deutlich „Schuh". Alle anderen Kinder müssen schnell reagieren. Das Kind, das als Erster den Schuh vom Tisch gestohlen hat, kann nun einen anderen Gegenstand nennen, der wieder schnell gestohlen werden soll. Das Spiel ist beendet, wenn kein Gegenstand mehr auf dem Tisch oder dem Boden liegt.
- **Ich sehe was, was du nicht siehst:** Bei diesem Beschreibungsspiel sucht ein Kind einen Gegenstand aus. Es beschreibt ihn, ohne den Gegenstand zu benennen. Die anderen Kinder versuchen den Gegenstand schnell zu erraten und rufen ihn laut in die Runde. Das Kind, das den gesuchten Gegenstand als Erstes erraten hat, ist nun an der Reihe.
- **Kinder-Memory:** Einige Memory-Spielkarten, auf denen ein Beruf, eine Tätigkeit, ein Tier oder eine Maschine abgebildet sind, liegen mit dem Bild nach unten auf dem Boden. Jedes Kind stellt sich zu einer Memory-Spielkarte, schaut sich diese an und versucht diese Tätigkeit, das Tier oder den Beruf pantomimisch an seinem Platz darzustellen, sobald auf ihn gezeigt wird. Reihum sind die übrigen Kinder dran, auf ein Kind zu zeigen, das an einer Memory-Station steht, um herauszufinden, welche zwei Memory-Kinder zusammen gehören. Anschließend Rollentausch.

5.11.2 Reimspiele

- **Wortreime:** Die Kinder zum Reimen einladen. Zum Einstieg empfiehlt es sich, zunächst mit kurzen Worten zu reimen, wie z.B. Sonne – Tonne, Zwerg – Berg, Blatt – Stadt. Danach mit Reimversen oder Geschichten weitermachen.
- **Reimverse:** Die Kinder zum gemeinsamen Reimen animieren. Die Kinder auffordern, jeweils das letzte Wort in der zweiten Zeile laut mitzusprechen. *Variation:* Gemeinsam mit den Kindern Reime pantomimisch in Bewegung umsetzen. Nachfolgend zwei exemplarische Reimverse:

Der dicke, graue Elefant

Ein dicker, grauer Elefant,
der poltert durch das Wüsten ... (land).
Er poltert laut, er poltert schwer,
plötzlich kriecht etwas da ... (her).
Die Schlange, die schleicht durch den Sand,
sie sieht den dicken ... (Elefant).
Sie zischt ganz laut und liegt dann still,
weil sie sich verstecken ... (will).
Der dicke, graue Elefant,
der poltert weiter durch das ... (Land).
Die Schlange hat er nicht entdeckt,
denn sie hat sich gut ver ... (steckt).
Der dicke, graue Elefant,
der poltert weiter durch das ... (Land).
Ganz langsam kriecht die Schlange weiter,
sie zischt dabei und ist ganz ... (heiter).

So ein Wetter

Regen hör ich tropfen,
leis' an die Scheiben ... (klopfen).
Den Wind, den hör ich reiben,
an die Fenster ... (scheiben).
Drum geh ich jetzt nicht raus,
ich bleib' heut hier im ... (Haus).
Ich seh den Regen ... (tropfen),
ich höre ihn auch ... (klopfen).
Der Wind saust um die Ecken,
die Blätter spiel'n ... (Verstecken).
Bei diesem schlechten Wetter
Ist es im Haus viel ... (netter).
Doch kommt die Sonne raus,
geh ich wieder hi ... (naus).
Bis dahin muss ich bleiben
Hinter den Fenster ... (scheiben).
So ein Wetter ist nicht toll,
von ihm hab ich die Nase richtig ... (voll).
Zieh die Gardine zu,
hab endlich meine ... (Ruh).

5.11.3 Bewegen mit Buchstaben

- **Körperspiele:** Der menschliche Körper dient als Ausgangsform für das „Nachlegen" von Linien, Grundformen und Buchstaben: Könnt ihr euch in ein Quadrat, in einen Buchstaben usw. verwandeln? Entweder alleine oder mit anderen Kindern werden so Formen und Figuren nachempfunden, die sprachlich bzw. lautierend begleitet werden können.
- **Turnen mit Buchstaben:** Stell dich hin wie ein A oder roll dich wie ein O.
- **Buchstabenlauf:** Legen Sie Buchstaben mit Wäscheleine ganz groß auf den Boden. Die Kinder gehen barfuss darüber, krabbeln auf allen Vieren, spüren mit den Händen. Auf diese Weise erfahren die Kinder die Buchstaben ganzheitlich über alle Sinne.
- **Eine Geschichte zum Buchstaben K (K – wie Krokodil):** Kinder spielen die Geschichte pantomimisch nach: Ich hab ein Krokodil gesehen, das kann – oh Wunder – aufrecht gehen. Es läuft herum, ist gar nicht faul, und öffnet oft sein großes Maul. Am Morgen kommt's aus seinem Haus und sieht dann noch ganz furchtbar aus. Die Augenlider hängen runter, dann gähnt es und wird langsam munter. Dann wälzt es sich hin und wälzt sich her und denkt dabei wie toll es wär, käm jetzt ein Frühstück gleich vorbei – ein Toastbrot mit gekochtem Ei. Bei dem Gedanken tropft ihm munter, links und rechts der Speichel runter. Noch ganz in seinem Traum gefangen, streicht ihm die Frau sanft seine Wangen und flüstert ihm ins Krokoohr: Komm mit mir zum Wasser vor. Dort machen sie sich richtig fit und bringen auch ihr Frühstück mit.

5.12 Bewegung und Raumorientierung – drinnen und draußen

In der organischen Erfahrung gibt es keine einzelnen Sinne, sondern nur eine Sinnlichkeit, einen Sinn (Viktor von Weizsäcker).

Die Fähigkeit, sich sicher zu bewegen, vor allem draußen im Straßenverkehr, sich möglichst selbstständig in alltäglichen Verkehrssituationen zurechtzufinden und mit öffentlichen Verkehrsmitteln zu unterschiedlichen Zielen zu gelangen, erfordert ein hohes Maß an motorischen, visuellen, akustischen, kognitiven und kommunikativen Fähigkeiten. Ihr Zusammenspiel ist Voraussetzung für ein mobiles, verkehrsgerechtes Verhalten. Die einzelnen Kompetenzen können gezielt angeregt und gefördert werden. Neben motorischen Kompetenzen und differenzierter visueller und akustischer Wahrnehmung führt vor allem das effektive Zusammenspiel von Fähigkeiten und Fertigkeiten, gepaart mit Konzentration und Reaktionsfähigkeit, zu sicherer Fortbewegung im Verkehrsgeschehen.

Bewegung in Lern-, Förder- und Entwicklungsbereichen

Tipp: Um einen Transfer von den Übungssituationen (siehe nachfolgende Übungsbeispiele) auf die tatsächliche Teilnahme im Straßenverkehr sicherzustellen, ist darauf zu achten, die Lerneinheiten systematisch aufzubauen. In diesem Bereich unterscheiden sich Kinder hinsichtlich ihrer Lernausgangslage in hohem Maße voneinander. Das vorhandene Können der Kinder ist deshalb stets Ausgangspunkt einer individualisierten (Verkehrs-)Raumorientierung.

- **Tücher fangen:** Ein Kind läuft mit zwei verschieden farbigen Tüchern als flatternde Fahnen durch den Raum und lässt diese ohne vorherige Ansage los. Zwei Kinder, denen jeweils die entsprechende Tuchfarbe zugeordnet ist, verfolgen das Kind mit den Tüchern. Sie müssen reagieren und jeweils das entsprechend farbige Tuch fangen, das das vordere Kind loslässt, bevor es auf den Boden fällt.
- **Tuchwanderung:** Die Kinder stehen im Kreis in einem Abstand von 1 Meter. Jedes Kind hat ein Tuch. Ein Kind ist „Ausrufer". Es ruft: Nach links! – und alle Tücher müssen zum linken Partner geworfen werden. Auf den Zuruf: Nach rechts! erfolgt der Tuchwurf nach rechts. *Variation:* Die Kinder werfen im Kreis ihre Tücher in die Luft und rücken eine Stelle weiter nach rechts, bevor das Tuch des Nachbarn gefangen wird. Auf einen Zuruf hin wird die Richtung gewechselt.
- **Orientierungsweg:** Es wird mit Absperrband ein Weg durch den Raum gelegt, der anschließend von den Kindern genau beschritten werden soll. *Variation:* verschiedene Fortbewegungsformen wie Laufen, Hüpfen; auch mit Zusatzaufgaben.
- **Schiffe im Nebel:** Die Hälfte der Kinder sind „Schiffe", die anderen „Nebelhörner". Zur besseren Unterscheidung werden Zeitungshüte oder Papierschiffe gefaltet und den Schiffen aufgesetzt. Die Nebelhörner drehen sich aus einem Blatt Papier ein Sprachrohr und verteilen sich im Raum. Die Schiffe fahren (gehen) zwischen den stehenden Nebelhörnern umher. Da es neblig ist, können die Schiffe nichts sehen (Augen schließen). Die Aufgabe der Nebelhörner ist es, die Schiffe akustisch zu warnen (Heulton), wenn ein Zusammenstoß droht. *Variation:* Je nach Alter der Kinder kann man zwei verschiedene Signaltöne vereinbaren, wie z.B. ein „dumpfer Heulton", wenn ein Schiff dabei ist, ein Nebelhorn zu rammen und ein „heller Piepston" wenn ein Nebelhorn beobachtet, dass zwei Schiffen ein Zusammenstoß droht.
- **Der Orientexpress:** Kinder bilden je nach Gruppengröße Züge. Dazu fassen sie sich auf die Schultern und bewegen sich im Raum. *Variation 1:* verschiedene Geschwindigkeiten; *Variation 2:* über, um, unter und durch Hindernisse wie Kästen und Bänke hindurch; *Variation 3:* Bewegung an

Singspiele und Lieder anpassen; *Variation 4:* andere Themen wie „Tausendfüßler" oder „Omnibus" wählen.
- **Werfen nach Farben:** Die Kinder stehen im Kreis und werfen ihrem jeweiligen rechten Nachbarn ein Kirschkernsäckchen (Kooshball) mit leichtem Schwung zu. Dabei ist es sinnvoll, die Anzahl der Kirschkernsäckchen zu reduzieren, d.h. nur jedes zweite oder dritte Kind hält ein Säckchen in der Hand. In der Mitte steht ein Kind und würfelt mit dem Farbenwürfel. Wenn „Grün" gewürfelt wird, geht das Spiel (Zuwerfen) unverändert weiter. Bei „Gelb" wird das Säckchen nicht mehr weitergegeben, sondern senkrecht in die Luft geworfen und wieder gefangen. Bei „Rot" werden die Säckchen festgehalten, bis wieder Grün gewürfelt wird.
- **Ampelfarbentanz:** Die Kinder tanzen zur Musik. Ein Kind gibt mit den Frisbeescheiben ein rotes oder ein grünes Signal. Bei „Rot" halten die Kinder ihre Bewegung an, bei „Grün" dürfen sie weitertanzen. *Variation:* Dieser Tanz lässt sich auch ohne Musik und mit dem Farbwürfel durchführen. Dabei würfelt ein Kind, während sich die anderen Kinder im Raum bewegen und ruft jeweils die gewürfelte Farbe aus. Bei „Grün" dürfen sich die Kinder weiterbewegen, bei „Gelb" müssen sie auf der Stelle laufen, bei „Rot" muss angehalten werden.
- **Verkehrspolizist:** Es werden vier Gruppen gebildet, die in den Ecken eines quadratischen Raumes stehen. Ein Kind schlüpft in die Rolle des Polizisten, der in der Mitte steht. Wenn er die Arme ausbreitet, ist dies ein Signal für die Gruppen, ihre Ecken zu verlassen und in die jeweilige Ecke zu laufen, die durch die andere Gruppe frei wird. *Variation:* mehrere Polizisten; verschiedene Fortbewegungsformen.
- **Verkehrsgeräusche-Quiz:** Von einer Kassette werden selbst aufgenommene Verkehrsgeräusche von markanten Stellen der Kindergartenumgebung abgespielt. Welches Kind erkennt die jeweiligen Fahrzeuge, Straßen und Plätze zuerst? *Variation:* Alle Geräusche in einer Bewegungsgeschichte mit Rollbrettern, Straßen und Markierungshütchen von den Kindern nachspielen lassen.

5.13 Bewegung und Natur – Wald, Naturmaterialien

Die Natur ist die beste Führerin des Lebens (Cicero).

Ausflüge und Spaziergänge in Wald und Natur haben großen Erlebnischarakter. Sie bieten den Kindern Gelegenheit, grundlegendes Wissen über die Umwelt handelnd zu erwerben. Je intensiver Bewegung und Begegnungen in der Natur stattfinden, desto nachhaltiger prägen sich die Erlebnisse ein und desto mehr bieten sich Möglichkeiten, die gewonnenen Erkenntnisse in der

Bewegung in Lern-, Förder- und Entwicklungsbereichen

eigenen Lebenswelt praktisch anzuwenden. Zudem fördern spielerisches Handeln und sensorische Erfahrungen in und mit der Natur den nachhaltigen Umgang mit natürlichen Ressourcen. Für viele Kinder ist deshalb auch das Sammeln von „Kostbarkeiten" aus der Natur eine große Leidenschaft, wie z.B. Muscheln am Strand, Blätter und Blumen bei einem Waldspaziergang oder Steine am Fluss.

Vor allem mit Tast-, Hör-, Riech- und Suchspielen lassen sich Ersterfahrungen gut strukturieren. Durch erlebnisreiche Erfahrungen mit allen Sinnen und die schrittweise Entdeckung von Fauna und Flora wird der emotionale Bezug der Kinder zur Natur gestärkt und für die besonderen Qualitäten der Naturmaterialien sensibilisiert. Sie erleben, erkennen und benennen die Eigenschaften. Sachgespräche über das Vorkommen in der Natur können mit persönlichen Erlebnissen der Kinder in Zusammenhang gebracht werden. Zudem können bei der Durchführung von Angeboten mit Naturmaterialien die Kinder experimentieren und forschen, ihre eigenen Lösungen suchen und entwickeln und so sich selbst, die anderen und das Naturmaterial besser kennen lernen.

Tipp: Jede Gelegenheit sollte genutzt werden, in den Wald zu gehen, denn vielen Kindern fehlt die Möglichkeit dazu. Es mangelt an Erfahrungen wie „auf-Bäume-klettern", Höhlen bauen, „jagen" und dabei den Wald und seine Tier- und Pflanzenwelt erfahrbar zu machen. Greifen Sie Ideen der Kinder auf. Wo nötig, setzen Sie Grenzen oder geben Impulse – wo möglich, lassen Sie den Kindern ihre Freiheiten beim Experimentieren. So unterschiedlich die Naturmaterialien im Wald, so individuell und zahlreich sind auch die Ideen der Kinder.

5.13.1 Spiel- und Übungsformen zum Thema „Wald"

- **Waldfühlkiste:** Eine oder mehrere Fühlkisten, die mit gesammelten Waldgegenständen gefüllt sind, werden in die Mitte des Sitzkreises gestellt. Jedes Kind darf einen Gegenstand herausholen, sagen, um was es sich handelt und was es damit assoziiert. Je mehr Waldgegenstände zum Vorschein kommen (z.B. Blätter, Zweige, Tannenzapfen, Moos, Bucheckern, Rindenstückchen) desto mehr kristallisiert sich das Thema Wald heraus.
- **Baumpuzzle:** Die Kinder suchen im Wald nach Baumscheiben (bei gefällten Bäumen liegen oft welche). Die Kinder sollen versuchen, die Baumscheiben wieder zusammen zu puzzeln oder mit Bruchstücken ein Baumscheibenmosaik anzufertigen.
- **Waldcollage:** Die Kinder sammeln möglichst viele Bilder und Dinge aus dem Wald und kleben sie zu einem Waldcollage-Bild zusammen.
- **Verwandlungsspiel:** In verschiedene Rollen schlüpfen. Jedes Kind kann sich aussuchen, in welche Rolle eine „Fee" sie verzaubern soll und stellt dies dar. *Variation:* Tiere spielen, Vogelstimmen nachmachen.

- **Wald-Ausstellung:** Eine Wald-Ausstellung im Kindergarten für die Eltern arrangieren, bei der z.B. ein selbst erstelltes Waldbuch, Bilder und Gegenstände ausgestellt und kleine Theaterstücke zum Thema Wald aufgeführt werden können.
- **Wald-Leseecke:** Eine Kinderbuch-Leseecke über das Thema Wald einrichten.

5.13.2 Erlebnisspiele im Wald

- **Wer sucht, der findet:** Suchaufträge sind auf Ausflügen sehr beliebt. Dabei ist es wichtig, dass Sie das zu Findende nicht benennen, sondern umschreiben, also: Suche etwas Flauschiges, Hartes, Kaltes, Eckiges, Rundes, Warmes, Duftendes, Süßes, Saures, Grünes, zwei gleich kleine oder gleich schwere Dinge. Am Ende können die Kinder aus den einzelnen Fundstücken eine Gemeinschaftsnaturcollage oder ein Naturobjekt gestalten.
- **Mein Baum:** Ein Kind lässt sich mit verbundenen Augen zu einem Baum führen. Mit seinen anderen Sinnen „erfasst" es diesen Baum und wird dann auf seinen Platz zurückgeführt. Ohne Augenbinde muss das Kind nun seinen Baum wieder finden. Die Kinder lernen so, sich die Rindenstruktur und den Baumumfang in echt vorzustellen und einzuprägen.
- **Waldwanderung:** Die Kinder gehen in den Wald und schauen sich einige Sachen genauer an, wie z.B. mit einer Lupe über den Boden kriechen und die Miniwelt entdecken. *Variation 1:* Einen Lieblingsbaum aussuchen: Hat er schöne Blätter? Trägt er Früchte? Mögen die Schmetterlinge oder die Vögel ihn? Wie verändert er sich im Jahr? *Variation 2:* Die Kinder sollen sich selbst Spiele mit Blättern, Ästen und Tannenzapfen ausdenken; *Variation 3:* Geräusche im Wald mit Kassettenrekorder aufnehmen oder einen Film vom Wald drehen.
- **Wald-Tastpfad:** Eine Schnur wird innerhalb eines Waldabschnittes gespannt, an der alle Kinder mit verbundenen Augen an der Schnur entlang gehen. Es können verschiedene Haltestationen mit Aufgaben eingerichtet werden, wie z.B. Schnur zum Boden hinterlegen zum Moosfühlen; kleine Zweige in den Weg hängen; Schnur durch den Matsch oder Pfützen legen; Schnur durch hohes Gras legen; Baumstämme oder Steine in den Weg legen.
- **Schnüffel-Probe:** Partnerweise. Ein Kind kriecht mit verbundenen Augen am Boden und rät, was dort wohl ist. Das andere Kind gibt, falls nötig, Hilfestellung.
- **Bäume-Raten:** Jedes Kind sucht sich einen Baum aus und stellt ihn mit dem eigenen Körper dar. Die anderen Kinder raten, welchen Baum das Kind darstellt.

- **Floßbau:** Die Kinder suchen Äste und Zweige, aus denen sie mit Bast ein Floß zusammenbauen sollen. Welche Knoten halten am besten? Kann das Floß ein Teelicht tragen? Wer hat das stabilste Floß?

5.13.3 Eine Bewegungsgeschichte zum Thema „Wald"

- **Ein Ausflug in den Wald:** Heute wollen wir einen Ausflug in den Wald unternehmen. Zunächst packen wir sorgfältig unser Essen und Trinken in den Rucksack, schwingen unseren Rucksack auf den Rücken und machen uns auf zum Grillplatz in den Wald. Während wir so laufen, bekommen wir ein wenig Hunger. Wir beginnen zu rennen (Übung 1). Plötzlich sehen wir, wie ein Reh über den Weg springt. Weil es uns gefällt, wie das Reh springt, probieren wir es nachzumachen: alle springen wie ein Reh den Waldweg entlang (Übung 2). Auf einmal stehen wir vor einem großen Fluss. Wie sollen wir nur auf die andere Uferseite gelangen? Wir müssen hinüberschwimmen (Übung 3). Am anderen Ufer angekommen sehen wir auf einer Waldeslichtung einen Jägerhochsitz. Wir klettern die Leiter des Hochsitzes hinauf und halten Ausschau nach dem Reh (Übung 4). Leider sehen wir nur von weitem einen Hasen herumhoppeln. Wir klettern vom Jägerhochsitz hinunter (Übung 5). Und weil wir es so lustig finden, wie der Hase hoppelt, machen wir das Hoppeln des Hasen einfach nach (Übung 6). Nun sind wir erschöpft. Um uns kurz auszuruhen, setzen wir uns auf einen Baumstamm und trinken eine Kleinigkeit (Übung 7). Wir packen unsere Trinkflaschen wieder zusammen und laufen weiter (Übung 8). Plötzlich stehen wir vor einem großen Bach. Wie sollen wir nur trocken hinüber kommen? Am besten wir holen einen dicken Baumstamm und legen ihn über den Bach. Nun können wir auf dem Baumstamm über den Bach balancieren (Übung 9). Als wir den Bach überquert haben, kommen wir an einer Höhle vorbei. Weil der Höhleneingang so eng und niedrig ist, müssen wir wie ein kleiner Wurm durch die Höhlenöffnung und das gesamte Höhlenlabyrinth kriechen (Übung 10). Endlich sind wir wieder aus der dunklen Höhle draußen, da sehen wir einen Uhu. Weil uns der Uhu so gefällt, machen wir alle „Uhu-Schreie" nach (Übung 11). Nach der nächsten Weggabelung sehen wir vor uns den Grillplatz. Dor angekommen spüren wir sogleich ein paar leichte Regentropfen. Oh je, jetzt fängt es auch noch an zu regnen! Wir sammeln uns und machen uns schleunigst zurück auf den Heimweg (Übung 12). Während wir so laufen (Übung 13), kommen wir wieder am Uhu vorbei und stehen vor dem Höhlenausgang. Nun müssen wir uns wieder klein machen und durch die enge Höhle robben und kriechen (Übung 14). Dann kommen wir wieder am Bach vorbei. Der Baumstamm liegt noch über dem Bach. Wir können gleich auf dem Baumstamm hinüber balancieren (Übung 15). Nach kurzer Wanderung kommen wir wieder am Jägerhochsitz vorbei und stehen wieder vor dem breiten Fluss. Schnell schwimmen wir alle gemeinsam auf die andere Uferseite (Übung 16). Danach laufen wir geschwind zum Kindergarten (Übung 17), wo die Eltern schon auf uns warten. Alle freuen sich, dass sie nicht „patschnass" geworden sind (Übung 18).

5.13.4 Bewegung mit Naturmaterialien – Beispiel: Federn

Um unterschiedliche Naturmaterialien mit den Kindern in Bewegung umzusetzen, empfiehlt es sich mit den Kindern gemeinsam folgende Fragestellungen zu erarbeiten:

1. Welche besonderen Eigenschaften, welche sinnlichen Qualitäten hat das gesammelte Naturmaterial?
2. Wie lässt sich das Material alleine bewegen?
3. Wie kann ich mich mit dem Material bewegen?
4. Wie kann ich mich als das ausgewählte Naturmaterial bewegen?
5. Welche Art von Bewegung verbinde ich mit dem Material: leicht – schwer, fließend – abgehackt, schwungvoll – geführt ...?
6. Welche Partner- oder Gruppenübungen kann ich mit dem Material gestalten?
7. Welche Geräusche lassen sich mit dem Material erzeugen?
8. Welche Klänge, Instrumente, Musikbeispiele passen zu dem Material?
9. Welche thematischen Verbindungen sind möglich – z.B. Jahreszeiten, Herkunft ...?
10. Gibt es passende Redewendungen, Sprichwörter, Gedichte, Geschichten, Lieder?

5.13.5 Bewegungsspiele mit Federn

- **Rhythmisches Wahrnehmungsspiel:** Die Kinder bewegen sich frei im Raum. Jedes Kind hält eine Feder in der Hand. Auf einer Handtrommel wird ein Rhythmus mit zwei unterschiedlichen Spieltechniken gespielt:

sanft mit der Handfläche reiben (Rhythmus 1) und zart mit den Fingerspitzen klopfen (Rhythmus 2). Die Kinder sollen die beiden Rhythmen aufnehmen und mit der Feder fühlbar „nachspielen", z.B. sanft mit der Feder über die Unterarme streichen oder mit dem Federstil auf die Arme pieksen. *Variation:* Auf Stirn und Wange übertragen oder auf andere Körperteile; partner- und gruppenweise, z.B. als „stille Post" auf verschiedenen Körperteilen der anderen Kinder ausprobieren.
- **Fliegende Federn:** Die Kinder laufen im Zehengang durch den Raum und machen sich dabei ganz groß. Mit ausgestreckten Armen lassen sie die Federn ungehindert zu Boden schweben. Danach verändern sie durch Pusten die Richtung des Federflugs. Wo landet die Feder? Wie weit ist sie geflogen? Wie lange kann so eine Feder in der Luft gehalten werden? *Variation:* Auf ein akustisches Signal mit einem langen klingenden Ton (Stimme oder Triangel) lassen die Kinder ihre Feder schweben. Wird der Ton abgestoppt, stoppen die Kinder auch den Flug ihrer Feder, indem sie sie mit den Fingern fangen und festhalten, und gleichzeitig still am Platz stehen bleiben, bis der Ton erneut erklingt.
- **Charakteristische Vogelbewegungen:** Die Kinder bewegen sich in der passenden Haltung mit den Federn in den Händen: der Bussard kreist, der Reiher schwingt seine großen Flügel, der Falke stürzt herab auf seine Beute, die Taube flattert, der Storch steht und geht, die Gans streckt ihren Hals, Hühner scharren und picken, Hahn und Pfau stolzieren, der Vogelstrauß rennt und der Schwan gleitet. *Variation:* Die Feder eines bestimmten Vogels wird auf ein Signal hin in die Höhe gehalten. Daraufhin bewegen sich die Kinder wie jenes Tier, von dem diese Feder stammt.
- **Schwebende Hände:** Die Kinder lassen ihre Feder zu Boden schweben und zeichnen die Flugbewegung der Feder mit der Hand nach (rechte Hand – linke Hand). Danach sollen die Kinder die Feder in der Luft mehrmals anpusten und den Flugweg anschließend mit der Hand beschreiben. *Variation:* Die eigene Hand in der Luft mehrmals anpusten und sie einen eigenen Weg (mit Kurven, Drehungen) schwebend durch den Raum bewegen.
- **Dynamische Gestaltung von Flugwegen:** Die Kinder verteilen sich im Raum wie Krähen auf dem Feld. Jedes Kind klopft einem in der Hocke sitzenden Kind mit den Handflächen auf den Rücken. Entsprechend der Anzahl und der Kraft der Schläge, welche das hockende Kind auf seinen Rücken bekommen hat, sollen seine Flügelschläge sein, mit denen es zur nächsten Krähe fliegt.
- **Vogelpaare – Führen und Folgen:** Sich an der Hand halten, sich um die Hüfte oder an den Schultern fassen und durch den Raum bewegen (fliegen, landen, starten). *Variation:* Flügelschwingen am Platz mit den Beinen und dem Oberkörper als Flügel gleichzeitig.

- **Federgeräusche:** Mit den Federkielen größerer Federn lassen sich unterschiedliche Klopfgeräusche erzeugen: die Spitze klingt anders als der Schaft; auf dem Boden oder zwei Federn aneinander klopfen. *Variation:* Einen gemeinsamen Rhythmus gleichzeitig und auch mal einzeln hintereinander klopfen; auch die Federhaare machen beispielsweise „Wischgeräusche", die man in einem Rhythmus integrieren kann; einzeln, partner- und gruppenweise.

5.14 Bewegung und Ernährung

Der Mensch ist, was er isst (Ludwig Feuerbach).

Aufgrund ihres Körperwachstums brauchen Kinder viel Energie und Nährstoffe. Deshalb ist für Kinder eine ausgewogene Ernährung besonders wichtig. Dafür sind keine speziellen Lebensmittel notwendig. Mit der richtigen Auswahl an üblichen, saisonbedingten Lebensmitteln (Obst, Gemüse) kann der Bedarf leicht gedeckt werden. Kinder sollten lernen, aus dem reichhaltigen Angebot auszuwählen. Wenn Kinder von klein auf eine vielseitige Lebensmittelauswahl gewöhnt sind, fällt es ihnen im Erwachsenenalter auch nicht schwer, etwas Neues auszuprobieren und ausgewogen zu essen.

Das Thema Ernährung lässt sich vor allem während Projekttagen oder Projektwochen in den Kindergartenalltag gut integrieren. Mögliche Themen und Aktionen könnten sein: Poster basteln (Thema: Welche Lebensmittel sind gesund?); Ratespiele, Quiz, Arbeitsblätter; Koch- und Backaktionen; Gärtnern (Kresse säen, Kräuter- und Gemüsebeet anlegen); Erkundungsgänge zum Wochenmarkt, Lebensmittelladen, Bäckerei, Bauernhof und verschiedene Sinnesparcours.

Das Thema „Ernährung" kann aber auch in Bewegung umgesetzt werden. Für die Bewegungsstunde im Kindergarten eignen sich daher Übungen zur Sinneswahrnehmung (z.B. Fühlbox, Riechmemory); Spiele (Musik-Stopp-Spiele, Feuer-Wasser-Sturm, Laufspiele, Brettspiele); Bewegungsgeschichten; Entspannungsübungen; Finger- und Singspiele; Groß- und Kleingeräte und Alltagsmaterialien.

Tipp: Kinder spielen für ihr Leben gern. So empfiehlt es sich, ausgewogene Ess- und Ernährungsgewohnheiten den Kindern auf spielerische Art näher zu bringen, indem ihre Neugier geweckt wird. Am einfachsten ist es, das Thema Ernährung mit alten, bekannten Spielen zu verknüpfen. Es gibt eine Vielzahl an Variationsmöglichkeiten. Die folgenden Beispiele zeigen, wie sich Kinder in spielerischer und bewegter Weise mit dem Thema Ernährung auseinander setzen können. Wichtig ist jeweils eine Einstimmungs- und Reflexionsphase, damit die Kinder verstehen, warum etwas gespielt wird, um es später in ihren Alltag zu übertragen.

5.14.1 Spielaktionen zum Thema „Ernährung" in Bewegung umgesetzt

- **Farbenspiel:** Vier verschiedene Farbkarten werden im Raum verteilt. Dorthin müssen die Lebensmittelkarten (LM-Karten) transportiert werden. Die LM-Karten liegen in der Mitte des Raumes, jedes Kind nimmt sich ein Kärtchen und bringt es entsprechend seiner LM-Farbe zu den im Raum verteilten Farbkarten. *Variation (für Vorschulkinder):* LM-Karten in schwarz-weiß verwenden, so dass Kinder selbst überlegen müssen, welche Farbe das gezogene Lebensmittel auf dem Schwarz-Weiß-Kärtchen hat.
- **Orientierungslauf:** Verschiedene LM-Karten kleben an den Wänden in den Hallenecken. Bei Musik-Stopp wird der Namen eines Lebensmittels ausgerufen, das auf den vorbereiteten LM-Kärtchen zu finden ist. Die Kinder laufen zur entsprechenden an der Wand befestigten LM-Karte.
- **Feuer-Wasser-Sturm mit Gemüse:** Verschiedene Gemüsesorten werden ausgerufen, z.B. Tomate (auf Fensterbank steigen oder auf Sprossenwand klettern); Kohl (auf Boden legen und einigeln); Möhre (auf den Rücken legen, dabei alle „Viere" nach oben strecken).
- **Bäumchen wechsle dich:** In Kreisaufstellung. Jedes Kind erhält eine LM-Karte, auf der jeweils eine Obst- oder Gemüsesorte farbig abgebildet ist. Ein Kind steht in der Kreismitte und sagt: Auf meinem Teller liegt Obst. Daraufhin müssen alle Kinder mit Obstkarten die Plätze tauschen, die Kinder mit Gemüsekarten bleiben sitzen. Das Kind in der Mitte versucht, sich einen freien Platz zu erkämpfen. Das Kind, das keinen freien Platz mehr findet, übernimmt die Aufgabe des Kindes in der Mitte. Im Wechsel Obst- und Gemüseteller ausrufen. *Variation:* gleiche Obstsorten oder gleiche Gemüsesorten wechseln die Plätze.
- **Mein rechter Platz ist leer:** Jedes Kind hält eine LM-Karte in der Hand. Das Kind, bei dem der rechte Platz leer ist, beginnt: Mein rechter Platz ist leer, da wünsche ich mir eine Tomate kriechend / hüpfend / hinkend / ... her! Das Kind mit dem Tomate-Kärtchen befolgt die Aufgabe und wechselt auf den freien Platz.
- **Kreisspiel:** In Kreisaufstellung. Die Kinder werfen sich einen Ball oder ein verknotetes Tuch zu. Wer das Tuch fängt, nennt eine Gemüse- oder Obstsorte. *Variation:* andere Lebensmittel benennen.
- **Obstkorb:** Es gibt mehrere „Obstbäume" (Reifen mit unterschiedlichen Farben, in denen die dazugehörigen Obstsorten, z.B. echte Früchte oder Symbolkarten mit Obstnamen liegen) und einen „Nussbaum" (Reifen mit Nüssen). Zudem gibt es einen „Obstkorb" (umgedrehter Kastendeckel) und einen „Raben" (Kind sitzt in einem kleinen Kasten). Die Kinder werden in

4er-Gruppen eingeteilt. Jede Gruppe besetzt sein „Haus" (kleine Matte) und hat einen Würfel, auf dem jeweils einmal Kirschen, Pflaumen, Äpfel, Bananen und zweimal Nüsse abgebildet sind. Ein Kind würfelt und holt die angezeigte Frucht so schnell wie möglich vom Obstbaum (Reifen), legt sie in den Obstkorb und läuft schnell wieder zu seiner Gruppe und das nächste Kind würfelt. Würfelt ein Kind eine Nuss, muss es eine Nuss vom Nussbaum holen und sie dem Raben geben. Das Spiel ist beendet sobald der Rabe eine bestimmte Anzahl von Nüssen gesammelt hat.

- **Gemüsetransport:** Es wird eine Geschichte vom Lokführer Tom erzählt, dessen Zug mit Lebensmitteln auf den Gleisen umgekippt ist. Alle Lebensmittel liegen in der Halle verstreut. Lokführer Tom bittet die Kinder um Hilfe. Die Kinder sollen ihre „Wagons" (Rollbretter und kleine Matten, Teppichfliesen, Bänke, kleine Kästen oder Kastenoberteile) wieder mit den richtigen Lebensmitteln füllen. Jeder Wagon ist mit einer entsprechenden Lebensmittelgruppe (vgl. Ernährungspyramide) gekennzeichnet, den das Kind wieder beladen muss.
- **Staffelspiel:** Karten mit Lebensmittelsymbolen und Lebensmittelnamen hängen mit Wäscheklammern an einer Leine am anderen Ende des Raumes. Die Kinder werden in Gruppen eingeteilt und erhalten jeweils ein Poster mit der Lebensmittelpyramide, in der sie die LM-Karten einsortieren können. Es können unterschiedliche Aufgaben gestellt werden: entweder holt jedes Kind nacheinander immer wieder eine Karte und muss diese dann richtig zuordnen oder jedes Kind soll ein bestimmtes Nährstoff-Feld (Kohlenhydrate, Fette, Vitamine …) mit den dazugehörigen Lebensmitteln füllen. *Variation 1:* Hindernisse auf dem Weg oder Vorgabe unterschiedlicher Bewegungsarten; *Variation 2:* alle Karten liegen mit dem Rücken nach oben in der Halle verteilt; *Variation 3:* Lebensmittelkarten müssen den richtigen Nährstoffen zugeordnet werden (Fette, Kohlenhydrate, Eiweiße, Vitamine); *Variation 4:* in tierische und pflanzliche Lebensmittel einteilen lassen.

5.14.2 Eine Bewegungsgeschichte zum Thema „Ernährung"

- **Der Weg der Nahrung durch den Körper:** Alle Kinder sitzen im Kreis und machen die Gesten aus der Geschichte nach. Beschreibung des Weges: Vom Mund – durch die Speiseröhre – in den Magen – in den Darm – in den Dünndarm – in den Dickdarm – und danach auf die Toilette. Die Geschichte wird erzählt: Wir machen heute eine Reise durch den Körper, und zwar so, wie es unser Essen auch tut. Was habt ihr heute gegessen? (Kinder aufzählen lassen). Eine Mahlzeit/Lieblingsgericht der Kinder wird aufgegriffen und in den Geschichtenverlauf integriert, z.B. die Kartoffel wird in den Mund geschoben (Hand zum Mund – Mund ganz weit auf!). Die Kartoffel versucht, den Zähnen auszuweichen (schnell auf die Schenkel klopfen). Doch die Zähne und der Speichel zerlegen sie in kleine Stücke. Es wird ein Brei daraus und der wird runtergeschluckt (Schluckbewegungen). Wo gelangt die Kartoffel jetzt hin? (In den Magen). Genau! Rutschpartie in den Magen (Bewegungen, als ob man durch die Röhre müsste, Kopf zwischen den Händen). Hier versucht der Kartoffelbrei vor der Magensäure wegzulaufen (schnell auf die Schenkel klopfen). Jetzt erst mal ausruhen und schlafen (Schlafen legen und schnarchen, kurz danach wieder aufwachen). Da ist der Magenpförtner, der sagt: Halt, wer da? Wo willst du hin? (Ich war eine Kartoffel, bin jetzt zu Brei und will in den Darm). Im Dünndarm ist es ganz schön hügelig, da gibt es Rechtskurven und Linkskurven. Immer wieder stößt man an Ausbuchtungen, man nennt diese Dünndarmzotten. Da bleibt immer wieder was von der breiigen Kartoffel hängen: die Vitamine, die Mineralstoffe, der Zucker … und die Kartoffel wird immer kleiner (Rechtskurve, Linkskurve, am Nachbarn anstoßen). Weiterrutschen, plumps, reingefallen in den Blinddarm, schnell wieder rausklettern! (Aufstehen und Kletterbewegung ausführen). Ab in den Dickdarm, da ist vom Kartoffelbrei nur noch übrig, was unser Körper nicht braucht und nicht verwertet werden kann. Hier wird der Brei nochmals ordentlich durchgewalkt (jedes Kind massiert den Rücken des Nachbarkindes). Und was passiert dann? (Der ganze Rest kommt unten raus – ab auf die Toilette – Tschüß!).

5.15 Bewegung und Entspannung

Ohne Ruhe ist die beste Bewegung nichts wert (Gerhard Branstner).

Nicht nur die alltägliche Bewegung ist für Kinder von großer Bedeutung. Wichtig ist auch einen bewussten Ausgleich zu schaffen zwischen Bewegungsaktivität und Entspannungsphasen der Kinder. Momente der Ruhe und Stille helfen, Informationen zu verarbeiten. Deshalb sollen den Kindern auch Rückzugsoasen (Orte der Stille) und Entspannungsmöglichkeiten angeboten werden. Dabei lernen Kinder ihren Körper bewusster wahrzunehmen.

Tipp: In der Arbeit mit Kindern ist es wichtig, einen altersgemäßen Zugang zur Entspannung zu vermitteln. Spielerische, kindgemäße Übungen zur Körperwahrnehmung sowie die Erfahrungen von Anspannungs- und Entspannungszuständen des eigenen Körpers helfen den Kindern, sich selbst besser zu spüren und ihre Kräfte einzuteilen. Entspannungsübungen bei Kindern im Vorschulalter sollten deshalb regelmäßig eingebettet sein innerhalb der aktiven Bewegungsphasen. So können sich Kinder besser auf die Entspannung einlassen und ihre Entspannungsfähigkeit stärker entfalten.

5.15.1 Erlebnisse der Stille

- **Ruhe-Oase:** In einer Ecke des Raumes wird eine Ruhe-Oase aus Tüchern, Moskito-Netz, Matten, und großen Kästen eingerichtet, die von außen nicht einsehbar ist. Die Kinder haben die Gelegenheit, sich in dieser Oase zurückzuziehen. *Variation:* ruhige Musikunterstützung; Verdunklung des Raumes auf Wunsch der Kinder.
- **Funkstille:** Die Kinder liegen unter einem Schwungtuch und versuchen, keinen Ton von sich zu geben. *Variation:* ruhige Musikunterstützung.

5.15.2 Entspannungsförderung durch Körperanspannung und Körperentspannung

- **Spiegelbild:** Partnerweise stehen sich die Kinder gegenüber. Das eine Kind übernimmt die Rolle eines „Spiegels". Das andere Kind stellt das „Spiegelbild" dar und macht alles nach, was sein Partner als Spiegel vormacht. Danach Rollenwechsel.
- **Dornröschenschlaf:** Die Kinder bewegen sich durch den Raum. Ein Kind spielt den Fänger und „verzaubert" die anderen Kinder bei Berührung. Die gefangenen Kinder werden ganz müde und suchen sich einen Platz zum Schlafen. Nichts, außer dem Ruf ihres Namens, kann die schlafenden Kinder wecken. Wenn alle Kinder schlafen, flüstert der Fänger die Namen der schlafenden Kinder. Die gerufenen Kinder stehen auf und kommen leise in der Hallenmitte zusammen.
- **Nashorn und Löwe:** Klangspiel. Die Kinder gehen durch den Tierpark. Dort sind zwei gefährliche Tiere ausgebrochen: ein „Nashorn" (angekündigt durch langsame Trommelschläge) und ein „Löwe" (angekündigt durch schnelle Trommelschläge). Hören die Kinder, dass das Nashorn kommt, werden sie sofort steif wie ein „Baumstamm". Hören sie den Löwen, verwandeln sie sich in einen „Muskelmann". Sind die Trommelschläge nicht mehr zu hören, gehen sie weiter.
- **Bäume gießen:** Die Kinder stehen als „Bäume" im Raum. Ihre Füße sind am Boden fest verwurzelt, so dass sie nicht umfallen. Durch eine lange Trockenzeit sind sie ganz schlaff und lassen alle „Zweige und Blätter" (Oberkörper, Kopf und Arme) hängen, bis endlich ein Gärtner-Kind die Bäume gießt (Kind geht als Gärtner von Baum zu Baum). Die Bäume richten sich langsam wieder auf und strecken und recken sich. So wird jeder Baum wieder ganz groß und stark.
- **Luftmatratze:** Partnerweise. Ein Kind liegt auf dem Boden und stellt eine luftleere „Luftmatratze" dar. Das andere Kind spielt die Pumpe, die langsam die Matratze (das Kind) aufpumpt. Anschließend wird die Luft-

matratzenspannung geprüft. Dann wird die Luft (Körperspannung) wieder abgelassen, bis das Kind (die Luftmatratze) völlig entspannt auf dem Boden liegt. Einige Sekunden so verweilen lassen. Anschließend Partnerwechsel. *Variation 1:* andere Themen, wie ein „Ballon aufblasen" oder die gesamte Gruppe ist eine „Riesenluftmatratze"; *Variation 2:* differenzierte Anspannung einzelner Körperteile, z.B. nur Arme, Beine und Arme.

5.15.3 Entspannung zum Ausklang

- **Sich entspannen:** Kinder ziehen sich in eine gemütliche Zimmer- oder Mattenecke zurück, um sich mit ruhiger Musikuntermalung zu entspannen. *Variation:* Jemand liest eine Entspannungsgeschichte vor.
- **Entspannung mit dem Schwungtuch:** 3-5 Kinder legen sich bäuchlings unter das Schwungtuch. Die übrigen Kinder schwingen das große Schwungtuch leicht auf und nieder und ein Kind erzählt dazu eine Urlaubsgeschichte (z.B. Strand – Ruhe – nicht bemerken des heranziehenden Sturms – Orkan – Gewitter – Abziehen des Unwetters – Ausbreiten von Ruhe und Wärme). Die Stärke der Schwungtuchbewegungen werden der Geschichte angepasst. Am Ende fällt das Tuch langsam nieder und bedeckt die liegenden Kinder.
- **Körper-Reise:** Jedes Kind liegt bequem auf dem Rücken auf einer Turnmatte und stellt sich ein kleines Schiff vor, das auf der rechten Hand sitzt. Von dort tritt das Schiff seine Reise über den Körper an. Es fährt über den rechten Arm zur rechten Schulter und zum Kinn. Von dort über die Brust zur rechten Hüfte, über das rechte Bein bis zum kleinen Zeh. Die Reise führt wieder zurück bis zur Hüfte, quer über den Bauch auf die andere Seite und dann am linken Bein hinunter. Dann zurück zum Bauchnabel, über das Kinn bis zur linken Hand. Dort hat das Schiffchen seinen Heimathafen gefunden. *Variation:* Reise des Schiffes auf dem Rücken; Reise durch den Körper.
- **Sonne und Regen:** Partner-Massage-Spiel. Ein Kind sitzt auf dem Boden, das andere Kind kniet dahinter und legt seine Hände auf den Rücken des vorderen Kindes. Eine Geschichte wird erzählt. Das kniende Kind überträgt die Symbolik auf das sitzende Kind, z.B. „die Sonne scheint" (mit den Händen großflächig auf dem Rücken kreisen); „ein feiner Regen fällt" (ganz zart mit den Fingerspitzen klopfen); „es hagelt" (kräftiger mit den Fingern klopfen); „es donnert" (mit den Händen trommeln); „es blitzt" (mit einem Finger Zick-Zack-Linien fahren); „es schneit" (ganz zart mit den Fingern über den Rücken streichen); „die Schneeräumfahrzeuge müssen den Schnee von den Straßen räumen" (mit den Handkanten von der Wirbelsäule nach außen streichen); „Kinder rodeln mit ihrem Schlitten

den Berg hinab" (mit der Hand kräftig von oben nach unten streichen); „Kurven fahren" (mit der ganzen Hand Schlangenlinien quer über den Rücken streichen); „die Tannenbäume sind schneebedeckt" (mit dem Zeigefinger einen Tannenbaum zeichnen); „es wird Abend, die Sonne geht langsam unter und die Kinder gehen nach Hause" (mit den Handflächen von oben nach unten sanft über den Rücken gleiten). *Variation:* Andere Themen wählen, z.B. „Pizza oder Kuchen backen" oder eigenen Ideen einbringen. Kinder machen dabei gerne Vorschläge; Vorlagen für Handlungen können auch Kassetten mit Geräuschen oder Geschichten aus Bilderbüchern sein.

- **Tiere im Wald:** Partner-Massage-Spiel. Ein Kind liegt auf einer Matte und stellt sich vor, es liegt im Wald auf einer Lichtung und ruht sich aus. Das andere Kind lässt sich mit seinen Fingern, Hände und Arme verschiedene „Tiere", die es benennt über den Körper des liegenden Kindes krabbeln, hüpfen, stampfen und gleiten.
- **Waschstraße:** Gruppen-Massage-Spiel. Es wird eine „Waschstraße" aus kleinen Kästen, Bänken oder Matten gebaut. An der Waschstraße stehen die Kinder einer Gruppe im Spalier und übernehmen mit ihren Händen und Fingern verschiedene Aufgaben wie „abduschen", „einschäumen", „bürsten", „schrubben", „abduschen", „abtrocknen" und „trocken blasen". Die Kinder der anderen Gruppe krabbeln oder ziehen sich durch die Waschstraße (über Kästen, Bänke oder Matten). Anschließend Gruppenwechsel. *Variation:* Kinder können auch auf Rollbrettern durch die Waschstraße geschoben oder gezogen werden; Wechsel der Funktionen in der Waschstraße untereinander.
- **Igelmassage:** Partnerweise. Die Kinder massieren sich gegenseitig mit einem Igelball und genießen die entspannte Wirkung. Bei etwas stärkerem Druck auf einem Körperteil soll dieses erraten und benannt werden. *Variation:* verschiedene Materialien wie Tennisbälle, Filmdöschen, Gymnastikbälle, Luftballons und Bohnensäckchen einsetzen.

5.15.4 Entspannungsgeschichten

- **Eine Stadt erwacht:** Die Kinder sitzen in entspannter Haltung an ihrem Platz oder liegen auf einer Matte auf dem Boden. Ruhig und langsam wird die Geschichte erzählt: Es ist dunkel. Alle schlafen. Tipp-tapp, klick-klack, hört man die ersten Schritte des Zeitungsausträgers. Er geht frühmorgens von Haus zu Haus und steckt seine Zeitungen in die Briefkästen. Bald wird es ein wenig heller – und schon fahren die ersten Straßenbahnen. Auch eine Radfahrerin ist schon unterwegs. Sie fährt gemütlich zum Bäcker, um frische Brötchen fürs Frühstück zu holen. In den Häusern riecht es überall nach frischem Kaffee. Männer und Frauen eilen zum Omnibus und fahren damit zur Arbeit. Auch der Briefträger macht sich mit seiner Post auf den Weg. Ein Auto nach dem anderen wird aus der Garage geholt. Wenn alle Autos losfahren, gibt es bald einen Stau. Da passt doch einer nicht auf und es passiert – ein Unfall! Schon ist die Polizei unterwegs ... Tatütata ... und alle Kinder sind wieder da mit lautem Tatütata und einem Sprung in die Luft!

- **Eisbärenruhe:** Der kleine Eisbär ist mit den anderen Bären in die Höhle gekrochen. Er sucht sich einen gemütlichen Platz, auf dem er gut liegen und sich ausruhen kann. Er schließt die Augen. Er denkt noch einmal darüber nach, was er alles erlebt hat an diesem Tag, wie er mit den anderen Tieren Fangen gespielt hat, bis er ganz müde war und sich ausruhen musste. Seine Arme und Beine sind ganz schwer vom vielen Laufen und Herumtoben, als hingen schwere Säcke daran. Er fühlt, wie schwer seine Arme und Beine am Boden liegen – es tut gut. Er denkt daran, wie er mit seinen Pfoten Fische aus dem kalten Bach gefangen hat und er fühlt, wie seine Pfoten langsam in der Höhle warm werden – ganz wohlig und warm werden die Pfoten, als ob die Sonne darauf scheint. Er denkt daran, wie er über den kalten Schnee gelaufen ist und spürt jetzt, wie seine Füße warm werden – ganz mollig warm, wie unter einer Decke. Er spürt, wie warm seine Füße sind. Er denkt daran, wie schnell er heimgelaufen ist, als draußen der Schneesturm anfing, wie sehr er außer Atem war. Er merkt, wie er jetzt ganz ruhig wird – sein Atem geht ein und aus, ganz ruhig und entspannt. Ein und aus, wie die Wellen am Bach. Sie schaukeln hoch und schaukeln runter. Draußen tobt ein Schneesturm. Der kleine Eisbär liegt schwer am Boden, seine Pfoten sind schwer, ganz furchtbar schwer. Seine Arme und Beine sind warm, genauso warm wie sein ganzer Bärenleib. Sein Atem geht ein und aus, ein und aus – ganz ruhig und gleichmäßig, ganz von allein. Der kleine Eisbär ist ruhig, schwer und warm. So liegt er da und erholt sich ein Weilchen. So schöpft er neue Kraft. In der Zwischenzeit hat der Schneesturm aufgehört. Alle Eisbären machen ihre Äuglein auf, recken und strecken sich, sie brummen und gähnen und stehen langsam wieder auf und kriechen aus ihrer Höhle. Jetzt sind sie wieder frisch und haben Lust auf neue Abenteuer.

- **Der Igel auf dem Hügel:** Spielerische Massage mit Igelball (alternativ: Tennisball). Der Massageball stellt den „Igel" dar, der an einem schönen Tag einen Ausflug machen will. Zu Beginn liegt der Igelball ruhig auf der Fußsohle des auf dem Bauch liegenden Kindes. Dies ist das Zuhause des Igels, der „Igelbau". Der Igel schläft noch tief und fest in seiner Behausung. Ganz wohlig warm ist es in seinem kuscheligen Bett. Plötzlich kitzelt es in seiner Nase und es wird hell und warm in seinem Gesicht. Ein morgendlicher Sonnenstrahl ist durch das Fenster hereingekommen und hat ihn sanft aus seinen Träumen geweckt. Der Igel reibt sich die Augen und räkelt und streckt sich, bis er richtig wach ist (den Ball auf der mittleren Fußsohle mit etwas Druck hin- und herbewegen). Er steht auf und schaut aus dem Fenster (den Ball bis auf die Ferse hoch rollen). Heute ist wirklich ein wunderschöner Tag. So beschließt der Igel, einen Ausflug auf den Hügel zu machen. Vor freudiger Aufregung vergisst er sogar zu frühstücken. Aber vielleicht findet sich ja unterwegs etwas. Er spaziert langsam los, erst einen kleinen Hügel hinauf (die Wade), dann über den Bach (Kniekehle). Er überlegt, ob er heute hinüber springen oder hindurch waten möchte (je nach Empfindlichkeit kann der Igel den Bachlauf überspringen oder mit den Füßchen vorsichtig hindurchwaten). Jetzt geht es langsam bergan (den Oberschenkel hoch bis zum Po) bis zur ersten Bergkuppe. Von hier oben hat man wirklich einen herrlichen Ausblick. Und so schaut der Igel einmal rechts vom Hügel hinunter – und einmal links hinunter (Ball auf dem Po hin- und herrollen). Der Igel stapft in Zickzacklinien den Berg hinauf, tanzt oben mit dem Schmetterling (schnelle und langsame Rollbewegungen), um dann zu merken, dass er ganz schön hungrig ist. Er macht sich auf die Suche nach etwas zu Fressen (Ball hin- und herrollen), genießt dann noch eine Weile die Stimmung oben auf dem Berg zusammen mit den Schmetterlingen (sanfte Rollbewegungen), ehe er sich wieder auf den Heimweg macht. Der wunderbare Sonnenuntergang lässt ihn auf der kleinen Bergkuppe (Po) noch eine kleine Rast einlegen bis er schließlich ganz müde und erschöpft nach Hause kommt. Er kuschelt sich in sein warmes Bett hinein (Fußsohle) und träumt von seinem schönen Ausflug heute auf dem Hügel.

- **Kuchen backen:** Spielerisches Partner-Massage-Spiel. Ein Kind liegt auf dem Bauch, sein Partner ist der Bäcker. Zuerst wird das Blech mit fließendem Wasser gesäubert (die Finger von oben nach unten über den ganzen Rücken streichen). Jetzt wird alles sauber gerubbelt (mit zwei Fäusten wird der Rücken geschrubbt). Dann nochmals abwechselnd Wasser laufen lassen und sauber rubbeln (s.o.). Der Schmutz, der noch klebt, wird mit der Bürste entfernt (mit den Fingern den Rücken kratzen). Das nasse Blech wird abgetrocknet (beide Handflächen drücken mehrmals flach mit Druck über den Rücken). Jetzt wird gebacken: zuerst das Mehl (mit beiden Händen das „Mehl" aufhäufeln und ein Loch in der Mitte imitieren, dann noch den „Zucker" hinzugeben). Die Eier werden aufgeschlagen (mit beiden Handaußenkanten auf den Rücken schlagen und sich dann langsam und gleichmäßig mit ein wenig Druck auf den Rücken auseinander bewegen, bis die flache Hand auf dem Rücken kurz ruht; diesen Vorgang ein paar mal wiederholen). Rosinen werden zum Teig hinzugegeben (die Rosinen mit den Fingern einzeln hineindrücken). Jetzt wird der Teig geknetet (beide Hände kneten mit sanftem Druck). Das Kuchenblech wird eingefettet (die Finger streichen über den Rücken). Der Teig wird ausgerollt (den Unterarm mit etwas Druck auf dem Rücken hin- und herrollen). Jetzt wird der Kuchen aufs Blech gelegt und gebacken (Hände und Unterarme auf den Rücken legen). Der Kuchen ist fertig und wird geteilt (die Handaußenkante teilt als „Messer" den Kuchen in einzelne Stücke, die Fingerspitzen stellen die „Kuchenschaufel" dar). Zum Schluss wird das „Blech" wieder gereinigt (mit Finger und Fäusten den Rücken schrubben).

- **Im Sommergarten:** Ein Kind liegt auf dem Bauch, sein Partner ist der Gärtner. Die Sonne scheint, es ist ein warmer Sommertag (beide Hände erwärmen den oberen Rücken). Der Garten wird umgegraben (die Finger „graben", die Erde wird gelockert). Das Unkraut wird herausgezogen (mit den Fingern leicht in den Rücken zwicken) und die dicken Erdklumpen zerkleinert (die Finger krabbeln über den ganzen Rücken). Jetzt werden die Rillen für den Samen in der Erde gezogen (die Handaußenkante ziehen mehrere Furchen-Linien nebeneinander über den Rücken). Die Samen werden hineingelegt (die Fingerspitzen hüpfen über den Rücken). Für die Blumenzwiebeln werden kleine Löcher gegraben (die Fingerspitzen imitieren das „Graben"). Jetzt muss alles noch gegossen werden (die Finger gleichmäßig über den ganzen Rücken streichen). Die Sonne ist immer noch schön warm (Handflächen auf dem Rücken kreisen lassen). Am Abend verschwindet die Sonne am Horizont (beide Hände fahren ganz langsam den Rücken hinunter).

6. Wettbewerb „Bewegungsfreundlicher Kindergarten 2005" in Baden-Württemberg

6.1 Preisträgerkindergärten – Platzierungen

Platz 1
Kath. Kindergarten St. Michael, Geschwister-Scholl-Str. 2,
76135 Karlsruhe
Kath. Kindergarten St. Monika, Danneckerweg 36,
88239 Wangen im Allgäu
Oberlin Kindergarten, Schulstr. 3, 79589 Binzen

Platz 4
Kinderhaus Neckarstadt West, Draisstr. 57, 68169 Mannheim

Platz 5
Paul-Maar-Kinderhaus, Schubertstr. 6, 70771 Leinfelden
Erwin-Römmele-Bewegungskindergarten, Hermann-Wolf-Str. 29,
74081 Heilbronn-Sontheim

Platz 7
Kindergarten, Max-Eyth-Str. 26, 73278 Schlierbach
Kindergarten St. Josef, Kirchplatz 5, 73563 Mögglingen
Evang. Kindergarten, Büttelbronner Str. 29, 74613 Öhringen
Haldenkindergarten, Haldenstr. 4-8, 73230 Kirchheim/Teck

Platz 11
Gemeindekindergarten, Humboldtstr. 39, 74626 Bretzfeld
Kindertagesstätte Lummerland, Elisabethenstr. 25,
74523 Schwäbisch Hall
Kinderbetreuung Schwalbennest, Kindergarten Wieselweg 11,
71638 Ludwigsburg
Kindergarten Hottingen, Murgtalstr. 20, 79736 Rickenbach
Städt. Kindergarten Pfohren, Obergasse 15, 78166 Donaueschingen
Kindertagesstätte, Teckstr. 18, 73230 Kirchheim/Teck

Sonderpreisträger
Waldkindergarten Todtnau, Meinrad-Thoma-Str. 8, 79674 Todtnau
Wald- und Sportkindergarten St. Hildegard, Schwalbenstr. 1b,
68309 Mannheim

6.2 Wettbewerbsteilnehmer – Gesamtübersicht (alphabetisch sortiert)

Erwin-Römmele-Bewegungskindergarten, Hermann-Wolf-Str. 29,
 74081 Heilbronn-Sontheim
Evang. Kindergarten Wylert, Lindenstraße 5,
 77933 Lahr-Kippenheimweiler
Evang. Kindergarten, Am Kindergarten 11, 79331 Köndringen
Evang. Kindergarten Dürrn, Waldstr. 1, 75248 Ölbronn-Dürrn
Evang. Kindergarten, Büttelbronner Str. 29, 74613 Öhringen
Evang. Kindergarten, Hofener Weg 10, 72582 Grabenstetten
Evang. Kindergarten Pusteblume, Im Holzweg 24, 71334 Waiblingen
Evang. Kindergarten Sterntaler, Theurerstr. 3,
 71634 Ludwigsburg-Eglosheim
Evang. Kindergarten Spatzennest, St. Kolumbanstr. 22, 88213 Bavendorf
Evang. Kindergarten, Kirchstr. 4, 74405 Gaildorf
Ganztagesbetreuung Itzebitz, Lembacherstr. 4, 71720 Oberstenfeld
Gemeindekindergarten, Humboldtstr. 39, 74626 Bretzfeld
Gemeindekindergarten Ellrichshausen, 74589 Satteldorf
Haldenkindergarten, Haldenstr. 4-8, 73230 Kirchheim/Teck
Kath. Kindergarten Arche Noah, Kirchenplatz 4, 72589 Westerheim
Kath. Kindergarten, Einsteinstr. 2, 72525 Münsingen
Kath. Kindergarten, Kelterstr. 20, 74629 Pfedelbach
Kath. Kindergarten St. Anna, Käpplestr. 18, 79540 Lörrach
Kath. Kindergarten St. Josef, Wittumstr. 16, 77933 Lahr-Reichenbach
Kath. Kindergarten St. Michael, Geschwister-Scholl-Str. 2,
 76135 Karlsruhe
Kath. Kindergarten St. Monika, Danneckerweg 36,
 88239 Wangen im Allgäu
Kath. Kindergarten St. Raphael, Kindergartenweg 2, 68789 St. Leon-Rot 2
Kath. Kindergarten, Verhadeweg 9, 78733 Aichhalden
Kinderbetreuung Schwalbennest, Kindergarten Wieselweg 11,
 71638 Ludwigsburg
Kindergarten Albrecht-Hetsch, Uhlandstr. 15/1 , 88400 Biberach
Kindergarten Dorfwiese, Kurzer Weg 8, 88045 Friedrichshafen
Kindergarten Entdeckungskiste, Blankenlocherstr. 14,
 76351 Linkenheim-Hochstetten
Kindergarten Gremmelsbach, Dorf 4, 78098 Triberg
Kindergarten Hottingen, Murgtalstr. 20, 79736 Rickenbach
Kindergarten, Max-Eyth-Str. 26, 73278 Schlierbach
Kindergarten, Schützenweg 73, 71034 Böblingen

Wettbewerb „Bewegungsfreundlicher Kindergarten 2005"...

Kindergarten, Schulstr. 20, 71384 Weinstadt
Kindergarten St. Josef, Kirchplatz 5, 73563 Mögglingen
Kindergarten St. Maria, Kellerweg 19, 73563 Mögglingen
Kindergarten Wendelinus, Franz-Liszt-Str. 51, 76646 Bruchsal
Kinderhaus Am Lindenhof, Oberböhringerstr. 17, 73313 Geislingen/Steige
Kinderhaus, Eichendorffstr. 25-27, 68167 Mannheim
Kinderhaus, Heinestr. 76, 72762 Reutlingen
Kinderhaus Neckarstadt-West, Draisstr. 57, 68169 Mannheim
Kinderhaus Neckarufer, Neckarpromenade 30, 68167 Mannheim
Kinderhaus Technido, Albert-Nestler-Str. 13, 76131 Karlsruhe
Kinderhaus Waldschule, Luise Wetzel-Weg 1, 72076 Tübingen
Kindertageseinrichtung Katharina, Hirschgraben 15,
   74523 Schwäbisch Hall
Kindertagesstätte Bienenkorb, Haldenweg 3, 79618 Rheinfelden
Kindertagesstätte, Hebelplatz 3, 79574 Weil am Rhein
Kindertagesstätte Lummerland, Elisabethenstr. 25, 74523 Schwäbisch Hall
Kindertagesstätte Seeacker, Stauferstr. 40, 74523 Schwäbisch Hall
Kindertagesstätte, Teckstr. 18, 73230 Kirchheim/Teck
Markuskindergarten, Lortzingstr. 13, 88214 Ravensburg
Martha-Johanna-Haus, Ostertagstr. 38, 71229 Leonberg
Merz-Internat Kindergarten, Albrecht-Leo-Merz-Weg 2, 70184 Stuttgart
Oberlin Kindergarten, Schulstr. 3, 79589 Binzen
Paul-Maar-Kinderhaus, Schubertstr. 6, 70771 Leinfelden
Städt. Bewegungsorientierter Kindergarten, John-F.-Kennedy-Str. 5/3,
   74074 Heilbronn
Städt. Kindergarten Aichelberg, Aichelbergstr. 214, 73230 Kirchheim/Teck
Städt. Kindergarten Pfohren, Obergasse 15, 78166 Donaueschingen
Städt. Kindergarten, Rosensteinstr. 34, 70806 Kornwestheim
Städt. Kindergarten, Salierstr. 44, 71334 Waiblingen
Städt. Kindergarten, Schulstr. 1, 78199 Bräunlingen
Städt. Kindergarten Sonnenwinkel, Prof. Hubbuch-Str. 53,
   76703 Kraichtal-Neuenbürg
Städt. Kindergarten Spatzennest, Biotopweg 1, 77694 Kehl-Goldscheuer
Städt. Kindergarten, Steinhäuserstr. 18, 72768 Reutlingen
Stadt. Kindergarten, Talstr. 81, 73726 Esslingen am Neckar
Städt. Kindergarten Waldheim, Zeller Weg 95, 71522 Backnang
Städt. Kinderhaus Badtorweg, Badtorweg 9, 74523 Schwäbisch Hall
Städt. Kinderhaus, Friedrich-Ebert-Str. 16, 72762 Reutlingen
Städt. Kinderhaus Reinhardshof, Forrester-Peden-Ring 3, 97877 Wertheim
Städt. Kindertagesstätte, Schubertweg 7, 70794 Filderstadt-Bonlanden
Städt. Kindertagesstätte, Steinenbergstr. 51, 72764 Reutlingen

Städt. Tageseinrichtung, Nachtigallenweg 26, 70199 Stuttgart
Tageseinrichtung, Rosensteinstr. 55-59, 70191 Stuttgart
Waldkindergarten Todtnau, Meinrad-Thoma-Str. 8, 79674 Todtnau
Wald- und Sportkindergarten St. Hildegard, Schwalbenstr. 1b, 68309 Mannheim

7. Literaturhinweise und Internetadressen

- Belof, A. & Schmid, A.: 741 Spiel- und Übungsformen bewegtes Lernen. Schorndorf. Hofmann 2000
- Bös, K., Opper, E., Woll, A.: Fitness in der Grundschule – ausgewählte Ergebnisse. In: Haltung und Bewegung 22, 2002 (4), 4-19
- Brodtmann, D.: Was hält Kinder gesund? Neues Denken über Gesundheit und eine gesundheitsfördernde Praxis von Bewegung und Sport für Kinder und Jugendliche. Vortrag beim Kongress der Sportjugend Hessen „Bewegte Kids für das neue Jahrtausend" am 22.10.1999 in Frankfurt. 1999 (http://www.sportunterricht.de/lksport/brodtm99.htlm)
- Bundesministerium für Familie, Senioren, Frauen und Jugend (Hrsg.) Das Tagesbetreuungsausbaugesetz – TAG. Gesetz zum qualitätsorientierten und bedarfsgerechten Ausbau der Tagesbetreuung und zur Weiterentwicklung der Kinder- und Jugendhilfe (http://www.bmfsfj.de/RedaktionBMFSFJ/Broschuerenstelle/Pdf-Anlagen/Tagesbetreuungsausbaugesetz-TAG,property=pdf,bereich=,rwb=true.pdf)
- Deutscher Turner Bund (Hrsg).; Fit wie ein Turnschuh. Aktionsbroschüre. DTB, Frankfurt 1995
- Elben, C. & Lohaus., A.: Prävention im Kindesalter. In: Jerusalem, M. & Weber, H. Psychologische Gesundheitsförderung. Hogrefe, Göttingen, 2003, 381-398
- Frank, G., Eckers, B.: Bewegungsförderung für Kinder. Limpert, Wiebelsheim 2001
- GEW: Diskussionsentwurf der GEW für einen Rahmenplan frühkindlicher Bildung. 2002 (http://www.kindergartenpaedagogik.de/846.html)
- Grüger, C. : Bewegungsspiele für eine gesunde Entwicklung. Ökotopia, Münster 2002
- Hollmann, W. Strüder, H.: Gehirngesundheit, Leistungsfähigkeit und körperliche Aktivität. In: Dtsch Z Sportmed 54, 2003 (9), 265-266 (http://www.zeitschriftsportmedizin.de/images/heft0903/stint09_03.pdf)
- Jochmann, U.: Teddy's Knirpsenstadt. Kursunterlagen „Rückenschule für Kinder" 1995
- Kempf, H.-D, Fischer, J.: Rückenschule für Kinder. Neubearbeitung. Rowohlt, Reinbek 2005
- Kempf, H.-D. (2005). Das Kind ist Akteur seiner Entwicklung, Sportpraxis, 46, 4/2005, 36-41
- Kempf, H.-D. (2005). Bewegungsförderung im Kindergarten - Prävention von Anfang an. physiopraxis, 3, März 2005, 28-30
- Ketelhut, K. , Mohasseb, I., Gericke, C.A., Scheffler, C., Ketelhut,R.G. :Verbesserung der Motorik und des kardiovaskulären Risikos durch Sport im frühen Kindesalter. In: Dtsch Arztebl 102, 2005 (12), 1128–1136
- Klimt, F.: Sportmedizin im Kindes- und Jugendalter. Thieme, Stuttgart 1992
- Kosel, A., Wnuck, A., Breithecker, D.: Kindergarten in Bewegung. Broschüre Unfallkasse Rheinland Pfalz 2003

Literaturhinweise und Internetadressen

- Landtag von Baden-Württemberg: Gesetz über die Betreuung und Förderung von Kindern in Kindergärten, anderen Tageseinrichtungen und der Kindertagespflege (Kindertagesbetreuungsgesetz – KiTaG) (Landtagsdrucksache 13/5130). (http://www3.landtag-bw.de/WP13/Drucksachen/5000/13_5130_d.pdf)
- Lehmann, B.: Kindergärten kommen in Bewegung. Sportjugend NRW (Hrsg.) Broschüre 2003
- Martin, D., Nicolaus, J., Ostrowski, C., Rost, K.: Handbuch Kinder- und Jugendtraining, Hofmann Schorndorf 1999
- Miedzinski, K.: Die Bewegungsbaustelle. Kinder bauen ihre Bewegungsanlässe selbst. Dortmund: verlag modernes lernen 2000
- Milz, H.: Der wiederentdeckte Körper. München: Artemis & Winkler 1992
- Ministerium für Kultus, Jugend und Sport, Baden-Württemberg (Hrsg.): Orientierungsplan für Bildung und Erziehung für die baden-württembergischen Kindergärten Pilotphase. 2005. Beltz Weinheim 2006 (OrientierungsplanBawue_NoPrintversion.pdf" http://www.km-bw.de/servlet/PB/-s/aaqqmz1ylel6lxx0hd3dygfhnanhpgj/show/1182991/OrientierungsplanBawue_NoPrintversion.pdf)
- Raapke, H.-D.: Montessori heute. Rowohlt, Reinbek 2001
- Reth-Scholten, K., Hammer, R.: Der Bewegungskindergarten in Rheinland-Pfalz. Aktionsbündnis Bewegungskindergarten RLP" (Hrsg) Broschüre 2005
- Roth, K.: Strukturanalyse koordinativer Fähigkeiten. Limpert Bad Homburg 1982
- Schmidt W, Hartmann-Tews I, Brettschneider W-D (Hrsg.): Erster Deutscher Kinder- und Jugendsportbericht. Hofmann, Schorndorf 2003
- Schönrade, S.: Kinderräume Kinderträume ... oder wie Raumgestaltung im Kindergarten sinnvoll ist. Borgmann Dortmund. 2005 2.Aufl.
- Schiller, P. & Peterson, L. Wunderland Mathematik. AOL, Lichtenau 1987
- Sozialgesetzbuch Achtes Buch - (SGB VIII): Kinder- und Jugendhilfe. In der Fassung des Gesetzes zur Einordnung des Sozialhilferechts in das Sozialgesetzbuch vom 27. Dezember 2003 (BGBl. I S. 3022) (http://www.sozialgesetzbuch.de/gesetze/08/index.php?norm_ID=0800001)
- Tittel, K. :Präventive Auswirkungen regelmäßigen körperlichen Trainings auf die Entwicklungsdynamik der juvenilen Wirbelsäule und deren Belastbarkeit. In: Die Säule, 12, August 2002, 106-111
- Voelcker-Rehage, C.: Der Zusammenhang zwischen motorischer und kognitiver Entwicklung im frühen Kindesalter – Ein Teilergebnis der MODALIS-Studie. Dtsch Z Sportmed 56, Nr. 10 (2005), 358-363
- Wabitsch, M.: Adipositas im Kindes- und Jugendalter. Mantschr Kinderheilkd 149, 2001, 805-806
- Weineck, J.: Sportbiologie. perimed, Erlangen 1988, 1994
- Wissenschaftliches Institut der Ärzte Deutschlands (WIAD): Bewegungsstatus von Kindern und Jugendlichen in Deutschland. DSB Frankfurt 2003 (http://www.ehrenamt-im-sport.de/fileadmin/fm-ehrenamtimsport/pdf/wiad_2003_a3891f21.pdf)

- Weiß, A., Weiß, W., Stehle, J., Zimmer, K., Heck H, Raab, P.: Beeinflussung der Haltung und Motorik durch Bewegungsförderungsprogramme bei Kindergartenkindern. Dtsch Z Sportmed 2004; 4: 101–105.
- Zimmer, R.: Handbuch der Bewegungserziehung. Herder, Freiburg 1993

Einige interessante Internetadressen zum Thema „Bewegung mit Kindern":
- www.bewegungsbaustelle.com
- www.gew-bw.de
- www.kigaweb.de
- www.offener-kindergarten.de
- www.richtigfit.de
- www.bewegungskindergarten-rlp.de
- www.kindergartenpaedagogik.de
- www.kleinkinderturnen.de
- www.kindergarten-workshop.de
- www.spieledatenbank.de
- www.spielefuerviele.de
- www.spielekiste.de
- www.zzzebra.de
- www.praxis-jugendarbeit.de

8. Bildnachweis

Abb. 1, S. 13:	Ziele für das Bildungs- und Entwicklungsfeld Körper (MKJS 2006)
Abb. 2, S. 14:	Die Entwicklung elementarer Bewegungen bis zum 7. Lebensjahr (nach Roth 1982)
Abb. 3, S. 17:	Entwicklungsbereiche (LSB NRW 1999 in Lehmann 2003)
Abb. 4, S. 21:	Kindergarten St. Michael Karlsruhe (Kempf)
Abb. 5, S. 22:	Kindergarten St. Michael Karlsruhe (Ke)
Abb. 6, S. 23:	Kinderhaus Heinestrasse Reutlingen
Abb. 7, S. 23:	Oberlin Kindergarten Binzen
Abb. 8, S. 24:	Erwin-Römmele-Kindergarten Heilbronn
Abb. 9, S. 24:	Kindergarten St. Michael Karlsruhe
Abb. 10, S. 25:	Kinderhaus Heinestrasse Reutlingen
Abb. 11, S. 25:	Kinderhaus Heinestrasse Reutlingen
Abb. 12, S. 26:	Kinderhaus Heinestrasse Reutlingen
Abb. 13, S. 26:	Oberlin Kindergarten Binzen
Abb. 14, S. 27:	Kindergarten St. Michael Karlsruhe (Ke)
Abb. 15, S. 27:	Erwin-Römmele-Kindergarten Heilbronn
Abb. 16, S. 28:	Kindergarten St. Michael Karlsruhe (Ke)
Abb. 17, S. 29:	Kindergarten St. Michael Karlsruhe (Ke)
Abb. 18, S. 29:	Kindergarten St. Michael Karlsruhe (Ke)
Abb. 19, S. 31:	Kinderhaus Heinestrasse Reutlingen
Abb. 20, S. 31:	Kinderhaus Heinestrasse Reutlingen
Abb. 21, S. 32:	Kindergarten St. Michael Karlsruhe
Abb. 22, S. 33:	Kindergarten St. Michael Karlsruhe (Ke)
Abb. 23, S. 33:	Kindergarten St. Michael Karlsruhe (Ke)
Abb. 24, S. 34:	Kindergarten St. Michael Karlsruhe (Ke)
Abb. 25, S. 34:	Kindergarten St. Michael Karlsruhe
Abb. 26, S. 35:	Kindergarten St. Michael Karlsruhe
Abb. 27, S. 35:	Kindergarten St. Michael Karlsruhe
Abb. 28, S. 35:	Kindergarten St. Michael Karlsruhe (Ke)
Abb. 29, S. 36:	Oberlin Kindergarten Binzen
Abb. 30, S. 37:	Oberlin Kindergarten Binzen
Abb. 31, S. 37:	Oberlin Kindergarten Binzen
Abb. 32, S. 39:	Kindergarten St. Michael Karlsruhe
Abb. 33, S. 39:	Kindergarten St. Michael Karlsruhe
Abb. 34, S. 39:	Kindergarten St. Michael Karlsruhe
Abb. 35, S. 41:	Erwin-Römmele-Kindergarten Heilbronn
Abb. 36, S. 41:	Erwin-Römmele-Kindergarten Heilbronn
Abb. 37, S. 43:	Kinderhaus Heinestrasse Reutlingen
Abb. 38, S. 45:	Spielregeln (Städt. Bewegungsorientierter John-F.-Kennedy-Kindergarten Heilbronn 2005)
Abb. 39, S. 48:	Hans-Dieter Kempf

Bildnachweis

Abb. 40, S. 48:		Hans-Dieter Kempf
Abb. 41, S. 48:		Hans-Dieter Kempf
Abb. 42, S. 49:		Erwin-Römmele-Kindergarten Heilbronn
Abb. 43, S. 50:		Kinderhaus Heinestrasse Reutlingen
Abb. 44, S. 50:		Oberlin Kindergarten Binzen
Abb. 45, S. 51:		Kindergarten St. Michael Karlsruhe (Ke)
Abb. 46, S. 52:		Kindergarten St. Michael Karlsruhe (Ke)
Abb. 47, S. 53:		Kindergarten St. Michael Karlsruhe (Ke)
Abb. 48, S. 53:		Kinderhaus Heinestrasse Reutlingen
Abb. 49, S. 54:		Kindergarten St. Michael Karlsruhe (Ke)
Abb. 50, S. 56:		Kindergarten St. Michael Karlsruhe (Ke)
Abb. 51, S. 59:		Kinderhaus Heinestrasse Reutlingen
Abb. 52, S. 61:		Rowohlt Verlag / Foto Horst Lichte
Abb. 53, S. 62:		Rowohlt Verlag / Foto Horst Lichte
Abb. 54, S. 63:		Kinderhaus Heinestrasse Reutlingen
Abb. 55, S. 64:		Kinderhaus Heinestrasse Reutlingen
Abb. 56, S. 64:		Kinderhaus Heinestrasse Reutlingen
Abb. 57, S. 65:		Hans-Dieter Kempf
Abb. 58, S. 68:		Kinderhaus Heinestrasse Reutlingen
Abb. 59, S. 73:		Hans-Dieter Kempf
Abb. 60, S. 74:		Hans-Dieter Kempf
Abb. 61, S. 75:		Hans-Dieter Kempf
Abb. 62, S. 76:		Hans-Dieter Kempf
Abb. 63, S. 77:		Rowohlt Verlag / Foto Horst Lichte
Abb. 64, S. 78:		Rowohlt Verlag / Foto Horst Lichte
Abb. 65, S. 83:		Hans-Dieter Kempf
Abb. 66, S. 83:		Hans-Dieter Kempf
Abb. 67, S. 85:		Rowohlt Verlag / Foto Horst Lichte
Abb. 68, S. 85:		Rowohlt Verlag / Foto Horst Lichte
Abb. 69, S. 88:		Rowohlt Verlag / Foto Horst Lichte
Abb. 70, S. 89:		Hans-Dieter Kempf
Abb. 71, S. 89:		Hans-Dieter Kempf
Abb. 72, S. 90:		Hans-Dieter Kempf
Abb. 73, S. 90:		Hans-Dieter Kempf
Abb. 74, S. 91:		Hans-Dieter Kempf
Abb. 75, S. 91:		Hans-Dieter Kempf
Abb. 76, S. 94:		Rowohlt Verlag / Foto Horst Lichte
Abb. 77, S. 95:		Rowohlt Verlag / Foto Horst Lichte
Abb. 78, S. 96:		Rowohlt Verlag / Foto Horst Lichte
Abb. 79, S. 97:		Rowohlt Verlag / Foto Horst Lichte
Abb. 80, S. 97:		Hans-Dieter Kempf
Abb. 81, S. 98:		Hans-Dieter Kempf
Abb. 82, S. 100:		Rowohlt Verlag / Foto Horst Lichte
Abb. 83, S. 101:		Rowohlt Verlag / Foto Horst Lichte
Abb. 84, S. 102:		Rowohlt Verlag / Foto Horst Lichte

Bildnachweis

Abb. 85, S. 102:	Rowohlt Verlag / Foto Horst Lichte
Abb. 86, S. 103:	Hans-Dieter Kempf
Abb. 87, S. 104:	Hans-Dieter Kempf
Abb. 88, S. 106:	Rowohlt Verlag / Foto Horst Lichte
Abb. 89, S. 106:	Kindergarten St. Michael Karlsruhe
Abb. 90, S. 107:	Rowohlt Verlag / Foto Horst Lichte
Abb. 91, S. 108:	Rowohlt Verlag / Foto Horst Lichte
Abb. 92, S. 108:	Rowohlt Verlag / Foto Horst Lichte
Abb. 93, S. 109:	Rowohlt Verlag / Foto Horst Lichte
Abb. 94, S. 110:	Hans-Dieter Kempf
Abb. 95, S. 110:	Rowohlt Verlag / Foto Horst Lichte
Abb. 96, S. 111:	Hans-Dieter Kempf
Abb. 97, S. 111:	Rowohlt Verlag / Foto Horst Lichte
Abb. 98, S. 113:	Hans-Dieter Kempf
Abb. 99, S. 114:	Hans-Dieter Kempf
Abb. 100, S. 115:	Hans-Dieter Kempf

9. Über die Autoren

Hans-Dieter Kempf (www.dierueckenschule.de), Jahrgang 1960, studierte Physik und Sportwissenschaft an der Universität Karlsruhe und ist Vater von fünf Kindern (Jenny, Sunny, Max, Marie und Jule). Er ist Lehrbeauftragter, Referent und Fachautor für zahlreiche Institutionen und betreut verschiedener Fitness- und Rehabilitationsgruppen in Karlsruhe. Er entwickelte 1986 die Karlsruher Rückenschule, ist im Vorstand des Forums Gesunder Rücken verantwortlich für die Ausbildung der Rückenschullehrer und maßgeblich beteiligt am Aufbau und der Weiterentwicklung der Rückenschulbewegung in Deutschland. Aktuell in der Konförderation der deutschen Rückenschulen (KddR) für die Ausarbeitung der Ziele, Inhalte und des Curriculums zur Rückenschullehrerweiterbildung verantwortlich. Anfang der 90er Jahren entwickelte er ein Konzept „Rückenschule für Kinder" und im Jahre 2005 erhielt er zusammen mit dem Team des Kindergartens St.Michael im Rahmen des Projektes „Bewegungsfreundlicher Kindergarten" den 1. Platz mit 5000 € Preisgeld. Seine weiteren zahlreichen Bücher sind im Rowohlt Verlag, Thieme Verlag, Urban & Fischer Verlag und Pohl-Verlag erschienen und in acht Sprachen übersetzt.

Birgit Pfänder, Jahrgang 1971, studierte Sportwissenschaft an der Universität Tübingen mit dem Schwerpunkt Breiten- und Gesundheitssport. Als Referentin und Projektleiterin beim Landessportverband Baden-Württemberg ist sie verantwortlich für den Bereich Kindersport und Kindergesundheit. Ihr Arbeitsschwerpunkt ist die Bewegungserziehung im Elementarbereich. Dabei arbeitet sie eng mit Kindergärten und Sportvereinen zusammen, ist Ansprechpartnerin für Kooperationen und Fortbildungen und berät Kindergärten auf ihrem Weg zu einem „Kindergarten in Bewegung". Zudem arbeitet sie als Seminar-Coach, gibt Fortbildungen und berät Unternehmen auf dem Gebiet der Betrieblichen Gesundheitsförderung.

MIT kindern LeBen

Hans-Dieter Kempf
Dr. Jürgen Fischer

Rückenschule für Kinder

- Haltungsschäden vorbeugen
- Schwächen korrigieren
- Mit Möbelberater

Mit Spiel und Spaß Schmerzen lindern und Haltungsschäden vorbeugen!
Über 40 Prozent aller Schulkinder leiden unter Rückenproblemen – Bewegung ist Mangelware, die Zeit, die Kinder im Sitzen verbringen, nimmt stetig zu.
Die in diesem Buch vorgestellten Wahrnehmungs-, Haltungs- und Kraftübungen schaffen Abhilfe: Spielerisch motivieren sie zu mehr Bewegung, vermitteln vielseitige Körpererfahrungen und sensibilisieren für rückenfreundliche Verhaltensweisen.
Damit fördern sie die Leistungsfähigkeit und stärken das Selbstwertgefühl der Kinder.

„Ein Buch für alle Eltern, Erzieher, Lehrer und Therapeuten."

rororo 61727 | 9,90 Euro